Cahier d'Enseignement moral et civique

CITOYENS AUJOURD'HUI !

6e

Édition 2021

Conforme aux repères annuels de progression

Nom :

Prénom :

Classe :

Sous la direction de
Anne-Marie Hazard-Tourillon

Par
Anne-Marie Hazard-Tourillon
Agrégée d'histoire
Inspectrice d'académie honoraire d'histoire-géographie-EMC

Fabienne Vadrot
Agrégée d'histoire-géographie
Collège Pierre-de-Ronsard, Saint-Maur-des-Fossés (94)

Éric Zdobych
Agrégé d'histoire-géographie
Lycée Eugène-Hénaff, Bagnolet (93)

OBJECTIFS DE DÉVELOPPEMENT DURABLE

Édition conforme au renforcement des enseignements relatifs à la biodiversité, au changement climatique et au développement durable

Nathan

PROGRAMME D'ENSEIGNEMENT MORAL ET CIVIQUE CYCLE 3

B.O. spécial n° 31 du 30 juillet 2020 et repères annuels de progression (B.O. n° 22 du 29 mai 2019)

- Les aménagements du programme de 2020 intègrent **l'éducation au développement durable.**
- Le programme de 2020 et les repères annuels de progression inscrivent explicitement l'Enseignement moral et civique dans trois **finalités intimement liées** entre elles. Voici comment elles sont mises en œuvre dans ce cahier :

Le respect d'autrui | Acquérir et partager les valeurs de la République | Construire une culture civique

PARTIE 1	Connaissances et compétences	Objets d'enseignement
Chapitre 1	• Respect des différences, notion de bien commun, respect des autres (langage, attitude) ; partager et réguler émotions et sentiments. • Respect des règles de la vie collective, droits et devoirs de l'élève, comprendre le sens de de la laïcité. • Coopérer dans le cadre de travaux de groupes, notions de bien commun (collège, classe), d'intérêt général, s'informer de manière rigoureuse, exercer son jugement, prendre part à une discussion.	• Situation du handicap, usage responsable du numérique, respect des biens personnels et collectifs (collège, classe). • Règlement intérieur, charte numérique, valeurs de « Liberté, Égalité, Fraternité », Charte de la laïcité à l'école. • Identifier des éléments d'informations sur des supports variés, respect des règles de la coopération, de la discussion en groupes, approche de l'argumentation.
Chapitre 2	• Respect d'autrui, avoir conscience de sa responsabilité individuelle. • Comprendre que la vie collective impose le respect de règles. • Engagement dans la classe, au collège.	• Harcèlement, porter secours à autrui. • Règlement intérieur, sens des sanctions, égalité filles-garçons, égalité, fraternité, refus des discriminations, vote, Charte de l'environnement. • Vote et notion de représentation dans la classe, responsabilité face au changement climatique et au développement durable.
PARTIE 2	**Connaissances et compétences**	**Objets d'enseignement**
Chapitre 3	• Respect d'autrui, notion de tolérance. • Droits et devoirs de l'enfant, égalité en droit. • Prendre part à une discussion, un débat.	• Respect des autres : l'enfant, vocabulaire des émotions et sentiments. • Égalité des droits, droit à l'éducation, Convention internationale des droits de l'enfant. • Responsabilité de l'individu (domaine de la santé), solidarité.
Chapitre 4	• Respect des engagements pris envers soi-même et envers les autres, sens de la responsabilité • Notion de citoyenneté. • Comprendre le sens de l'intérêt général.	• Respect de sa sécurité et de celle des autres, usage responsable du numérique, points d'accords et de désaccords dans une discussion. • Initiation au Code de la route, Charte de l'environnement. • Solidarité/responsabilité individuelle et collective face à l'environnement.
PARTIE 3	**Connaissances et compétences**	**Objets d'enseignement**
Chapitre 5	• Respect des règles dans la cité. • Devise de la République. • Bien commun dans la société, intérêt collectif.	• Notion de bien commun dans la société. • Citoyenneté municipale. • Démocratie représentative.
Chapitre 6	• Respecter ses engagements, avoir conscience de sa responsabilité individuelle. • Fraternité, solidarité. • S'engager dans un projet communal.	• Engagement moral, loyauté, respect de l'environnement immédiat. • Solidarité individuelle et collective, entraide. • Responsabilité du citoyen (changement climatique, développement durable).
Semaine de la presse et des médias	• Savoir identifier les points d'accord et de désaccord. • Exercer librement son jugement dans le respect du jugement d'autrui. • S'informer de manière rigoureuse : source, émetteur d'information, exposé des faits et points de vue.	• Règles de la communication. • Libertés fondamentales (liberté d'expression). • Jugement critique : traitement de l'information et éducation aux médias.

➔ Les programmes en version intégrale sont disponibles sur : collegien.nathan.fr/emc-6e-2021

© Nathan 2021. 92, avenue de France, 75013 Paris. ISBN : 978 209 172543 7

Fiches méthode

Exprimer ses émotions dans une discussion morale et civique

Une émotion est un état bref et intense qui aide à comprendre si la situation que l'on vit ou que l'on observe est agréable ou désagréable. Dire ses émotions et reconnaître celles des autres déclenchent la discussion. Chacun argumente et s'engage à agir, au nom de valeurs morales et civiques, pour bien vivre ensemble.

1 La dignité de l'enfant

Il était une fois un monde sans lois ni règles, où les barrières qui entravent la liberté des enfants étaient tombées. On était libre de s'exprimer comme on l'entendait, libre d'insulter son voisin, ses parents, ses professeurs, libre de circuler en faisant le plus de bruit possible, libre de préférer le plaisir au travail. […] Il n'y avait plus de contraintes, plus de limites à ses désirs […]. On finissait sa journée devant la télé enchaînant films d'horreur, de violence… À minuit, on éteignait, rassasié de plaisirs et de liberté.

Évelyne Demey, *Je, tu, il, Moi et les autres. Petit traité de civisme à l'usage des parents*, Éditions Arnaud Franel, 1999.

2 La roue des émotions

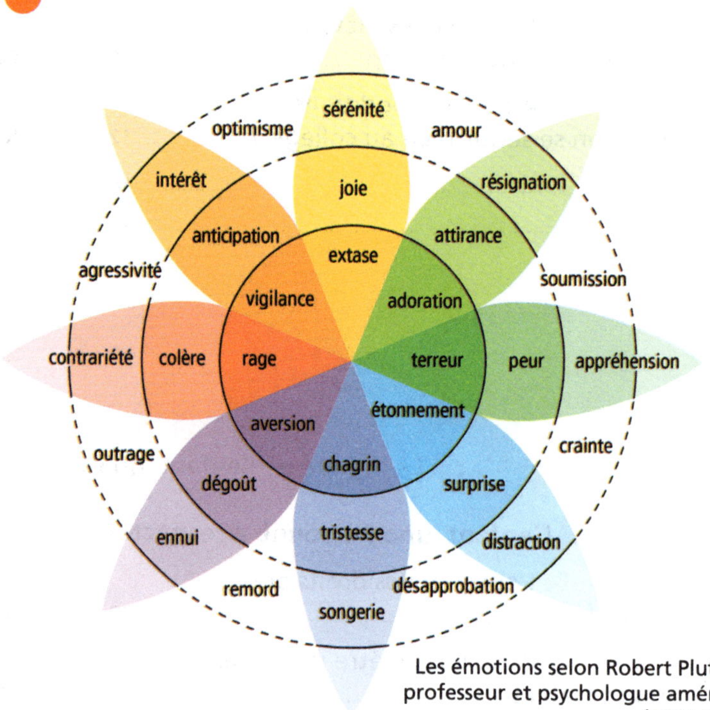

Les émotions selon Robert Plutchik, professeur et psychologue américain (1927-2006).

Retrouvez l'intégralité des documents p. 26-27.

Fiche Méthode

A Réagir à la situation avec ses émotions

1. Identifier et exprimer ses émotions.
2. Discuter pour comprendre ses émotions et celles des autres.

B Réfléchir ensemble autour du mot-clé de la situation

3. Associer au mot-clé des mots qui le définissent, et des mots qui disent son contraire.

C Discuter pour exprimer son jugement moral

4. Échanger des arguments qui critiquent la situation.
5. Argumenter en prenant appui sur des valeurs morales et civiques : dignité, respect, égalité, fraternité, liberté, justice…

D Agir contre la situation proposée

6. S'engager à agir pour bien vivre ensemble.

Mise en situation

A Réagir à la situation avec ses émotions

1. Nos émotions face à l'attitude de ces enfants : négatives ? positives ?
2. Pourquoi réagissons-nous ainsi ?

B Réfléchir ensemble autour du mot-clé de la situation

3. La dignité, c'est quoi pour moi et pour nous ? À notre avis, qu'est-ce que ça ne peut pas être ?

C Discuter pour exprimer son jugement moral

4. De mon point de vue, vivre libre comme les enfants de la situation, est-ce un comportement digne ?
5. Je compare le point de vue des autres élèves au mien : me fait-il changer d'avis ?

D Agir contre la situation proposée

6. Nous définissons la dignité de l'enfant dans un nuage de mots, un article…

Participer à un débat en classe

Débattre est le moyen, pour chacun, d'exprimer sa pensée et de se confronter à ce que pensent les autres. Mais les points de vue n'ont pas tous la même valeur. Participer au débat nécessite une attitude responsable de respect mutuel. L'intérêt général doit l'emporter sur l'intérêt particulier.

1 Comment régler un conflit entre élèves au collège ?

➔ Retrouvez l'intégralité des documents p. 22-23.

Fiche Méthode

A Analyser le thème du débat

1. Formuler avec ses propres mots la question du débat.
2. Prendre connaissances des documents : lien avec le thème du débat ; arguments à déduire des informations relevées.

B Participer au débat en classe

3. Prendre la parole, présenter ses arguments avec clarté, les justifier au nom de valeurs (respect, égalité, justice, dignité…).
4. Écouter les arguments des autres et y répondre avec respect.

C Retenir l'essentiel du débat

5. Retenir les arguments qui correspondent à des attitudes responsables.
6. Faire le point sur l'évolution de son point de vue entre le début et la fin du débat.

Mise en situation

A Analyser le thème du débat

1. Qu'est-ce que je ressens face à cette situation de conflit ?
2. Quel est mon point de vue sur la solution proposée pour mettre fin au conflit ?

B Participer au débat en classe

3. Je me mets à la place des personnes concernées par ce conflit et j'exprime leurs arguments.
4. J'exprime mon propre point de vue (ex : les insultes entre élèves doivent être punies, la punition doit être éducative…). J'écoute et je respecte le point de vue des autres.

C Retenir l'essentiel du débat

5. Je distingue les arguments recevables (ex : faire la paix) et ceux qui ne le sont pas (ex : insulter, c'est se défendre).
6. J'explique pourquoi j'ai, ou non, modifié mon point de vue entre le début et la fin du débat.

ON EN DISCUTE

1 Être collégien, qu'est-ce que ça veut dire ?

Pour commencer

1 NOS PREMIÈRES RÉACTIONS

Nos émotions face à cette situation.

Mes émotions	Les émotions des autres
....	....
....	....
....	....
....	....
....	....

Coup de pouce

- Aidez-vous de la roue des émotions p. 4.

Nous dialoguons pour dire pourquoi nous ressentons ces émotions.

→ Je rédige quelques phrases qui expliquent les émotions que nous avons ressenties.

....

....

Compétences
- Exprimer ses émotions.
- Exprimer son opinion et respecter l'opinion des autres.

Nous discutons à deux, en groupes ou en classe entière.

→ Que veut dire le mot « **collégien** » pour nous qui arrivons de CM2 ?

....

....

....

....

Coup de pouce
- **Devenir collégien : ce que j'en pensais au CM2 ? Et depuis que je suis en 6e ?**

2 NOS ARGUMENTS

« Être collégien, qu'est-ce que ça veut dire ? »

1. à l'oral **Qui sont les collégiens du document ?**

→ Être différents signifie-t-il être inégaux ? ❑ oui ❑ non

Pourquoi ?

→ Les CM2 peuvent-ils avoir peur de leur nouvelle vie au collège ? Pourquoi ? ❑ oui ❑ non

2. **Que signifie pour vous « Vivre ensemble au collège » ?**

....

....

....

Coup de pouce
- **Je réponds de manière argumentée aux questions posées.**
- **J'utilise les mots égalité, respect, fraternité, laïcité.**

Bilan de la discussion

En groupe, nous créons un jeu vrai-faux « Être collégien, ça veut dire… »

- Respecter les élèves : vrai ou faux ?
- Avoir un seul professeur pour tous les cours : vrai ou faux ?
- Respecter un règlement intérieur : vrai ou faux ?
- Porter des signes religieux : vrai ou faux ?

Coup de pouce
- **Nous prenons nos idées dans le Règlement intérieur du collège et la Charte de la laïcité.**

Interview de Nicolas Hérissé,
Principal adjoint d'un collège

→ Que m'apprend cette interview ?

Auto-évaluation

J'ai su exprimer mon opinion et respecter l'opinion des autres.

❑ ❑ ❑

Repères 2

Au collège, des règles pour vivre ensemble

1 La Charte de la laïcité

1 jour, 1 actu n° 11, charte illustrée par Jaques Azam, © Milan presse et la Ligue de l'enseignement, 2013.

Compétences

- Comprendre et respecter les règles communes.
- Se sentir membre d'une collectivité.

2 Le Règlement intérieur

Le service public d'éducation repose sur des valeurs et des principes que chacun se doit de respecter dans l'établissement : […] la laïcité, le travail, l'assiduité et la ponctualité, le devoir de tolérance et le respect d'autrui dans sa personne et ses convictions, l'égalité des chances et de traitement entre filles et garçons, […] la protection contre toute forme de violence psychologique, physique ou morale et le devoir qui découle pour chacun de n'user d'aucune violence. […] Le respect mutuel entre adultes et élèves, et des élèves entre eux […].

Préambule du Règlement intérieur du collège Pierre-de-Ronsard, Saint-Maur-des-Fossés (94).

3 Un exemple de Charte informatique et Internet

L'accès à Internet est un droit […] mais comporte aussi des devoirs.

Certaines règles doivent être respectées :
– L'usage d'internet est réservé aux recherches documentaires […].
– Chaque utilisateur doit respecter les règles juridiques : propriété intellectuelle, respect des autres, respect des valeurs humaines et de la vie en société.

Il est donc interdit de consulter ou de publier des documents :
– à caractère diffamatoire (c'est-à-dire porter atteinte à la réputation de quelqu'un), injurieux, obscène (c'est-à-dire impudique), raciste…

[…]

Guide TICE pour le professeur-documentaliste, *Une charte informatique et Internet de collège*, © CRDP de l'académie de Paris, novembre 2012.

QUESTIONS

1 Doc 1, 2 et 3. Dans chaque titre, j'encadre en bleu le nom du texte officiel qui fixe les règles au collège.

2 Doc 1. Je souligne les phrases qui définissent la laïcité.

3 Doc 1, 2 et 3. Je classe dans les encadrés les droits et les devoirs des élèves.

Les droits des élèves	Les devoirs des élèves
…………………………………………	…………………………………………
…………………………………………	…………………………………………
…………………………………………	…………………………………………
…………………………………………	…………………………………………
…………………………………………	…………………………………………
…………………………………………	…………………………………………
…………………………………………	…………………………………………
…………………………………………	…………………………………………
…………………………………………	…………………………………………

4 Doc 1, 2 et 3. J'explique en une ou deux phrases pourquoi il faut respecter les règles du collège.

……………………………………………………………………………………

……………………………………………………………………………………

……………………………………………………………………………………

……………………………………………………………………………………

Vocabulaire

- **Charte** : ensemble des règles à respecter.
- **Laïcité** : principe selon lequel l'État ne favorise aucune religion. À l'école publique, les signes religieux doivent être discrets.
- **Règlement intérieur** : texte officiel qui fixe les règles à respecter par tous au collège.

Coup de pouce

- Dans les documents, je surligne en jaune les droits de l'élève et en vert les devoirs de l'élève. Je m'aide des couleurs pour compléter les encadrés.

Auto-évaluation

J'ai compris pourquoi il faut respecter les règles du collège.

☐ ☐ ☐

J'enquête 3 L'accueil des élèves en situation de handicap

Que dois-je faire ? **L'Éducation nationale accueille dans les écoles tous les enfants, sans distinction, tout en prenant en compte leurs particularités. À partir des documents, j'explique comment les élèves en situation de handicap sont scolarisés au collège.**

1 Les handicaps des élèves

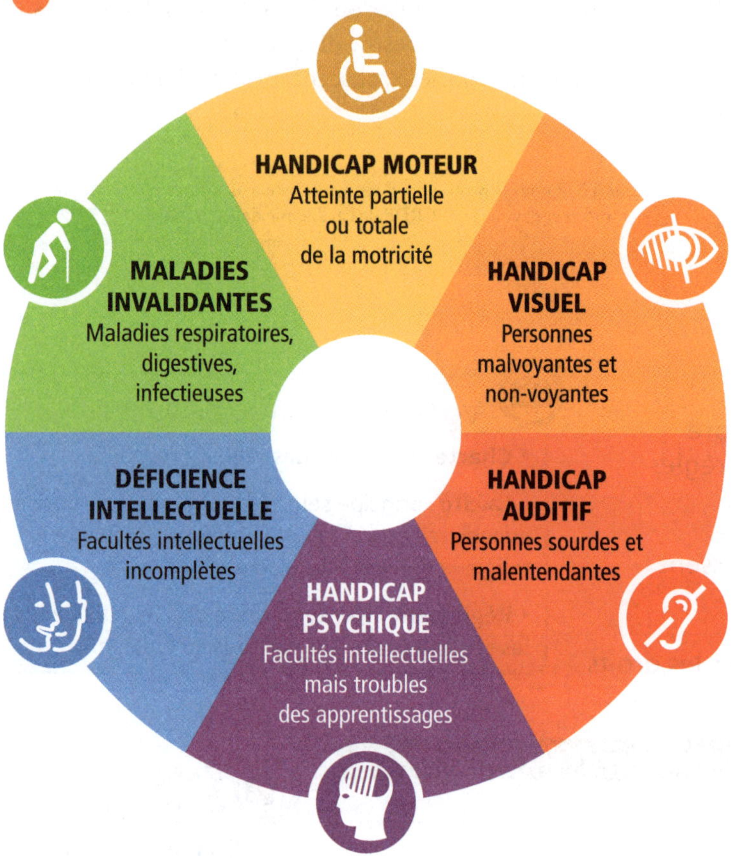

2 Ce que dit la loi

Art. 19 – Tout enfant, tout adolescent présentant un handicap ou un trouble invalidant de la santé est inscrit dans l'école ou dans l'un des établissements [...] le plus proche de son domicile.

Loi pour l'égalité des droits et des chances, la participation et la citoyenneté des personnes handicapées du 11 février 2005.

Info

Les collégiens en situation de handicap peuvent être accueillis dans des **ULIS** (unités localisées pour l'inclusion scolaire) mais aussi intégrés en classe ordinaire. Ils sont aidés par des **AESH** (accompagnants d'élèves en situation de handicap).

QUESTIONS

1 Doc 1. à l'oral Je me mets à la place des élèves atteints de ces handicaps : pourquoi est-il normal qu'ils soient accueillis à l'école ?

2 Doc 2, Info.

- Je souligne les mots et groupes de mots qui montrent comment la scolarisation des élèves en situation de handicap est facilitée.
- Je regarde la vidéo et note les arguments qui expliquent pourquoi il est important qu'un élève en situation de handicap soit aidé par un AESH.

....

....

....

....

....

Compétences
- Accepter et respecter les différences.
- Être capable d'empathie.

3 Comprendre les élèves en situation de handicap

Depuis peu, dans la classe, le groupe a une camarade en fauteuil roulant, Emma.

Téo : – Des fois, j'aimerais bien être dans un fauteuil pour ne pas marcher et pour que mes parents s'occupent plus de moi.

Raf : – Tu es jaloux ? Pas moi, je suis plutôt gêné quand je suis avec Emma. Je ne sais pas quoi lui dire.

Zoé : – Pourquoi ?

Raf : – Je n'aimerais pas être comme elle, ça me fait peur, et je chasse cette idée.

Zoé : – Moi, elle me fait pitié. J'évite de la regarder.

Téo : – Pourtant, elle est tout comme nous, sauf qu'elle ne marche pas.

Raf : – L'autre jour, j'ai voulu lui ouvrir la porte, elle ne m'a pas dit merci. Seulement : « Je peux me débrouiller toute seule ! »

Zoé : – Tu crois qu'elle n'est pas sympa ?

Léa : – Quand les portes sont larges ou ouvertes, Emma n'a pas besoin de nous, tout simplement.

Téo : – C'est vrai ! Quand il y a un plan incliné pour monter, on ne sert à rien ! Supprime les escaliers et les portes trop dures : elle peut aller partout !

Raf : – Je n'y avais pas pensé : c'est la situation qui, aussi, handicape, il faut aménager l'espace pour les fauteuils roulants !

Michel Tozzi, *La Morale, ça se discute…*, Éditions Albin Michel, 2014.

4 S'engager auprès des élèves en situation de handicap

Collège Marie-Mauron - Dispositif ULIS. Lauréat de la catégorie Citoyenneté du Prix OCIRP Acteurs Économiques & Handicap 2014.

QUESTIONS

3 Doc 3. Je souligne en bleu les sentiments ressentis par les élèves envers Emma et en rouge la solution pour qu'Emma se sent égale aux autres.

4 Doc 4. J'explique les actions des élèves d'une classe ordinaire avec les élèves ULIS.

Ce que j'ai appris

Je rédige quelques phrases qui expliquent :
- ce que doit faire le collège pour accueillir les élèves en situation de handicap.

- ce que je peux faire, à titre individuel, pour que ces élèves se sentent des enfants comme les autres.

Auto-évaluation

J'ai compris l'importance de l'intégration au collège des élèves en situation de handicap.

☐ ☐ ☐

Débattre 4 À quelles conditions peut-on se sentir bien au collège ?

1 Scènes de vie au collège

2 La diversité des élèves

Affiche pour l'école inclusive, ecole-inclusive.org

Info

Le **bien commun** au collège réunit les bâtiments et le matériel scolaire mis à la disposition des élèves, qu'ils doivent respecter, et les personnes qui composent la communauté scolaire et doivent vivre ensemble dans le respect.

3 Ce que dit la loi

Respect des personnes

Les élèves doivent respecter l'ensemble des personnes du collège.

Chaque élève est un individu unique et de la différence naît la richesse de la communauté éducative. Tout élève doit accepter ces différences (physique, psychologique, d'opinion). Toute agression verbale ou physique pourra donner lieu à l'application d'une sanction disciplinaire.

Respect du cadre de vie

Les bâtiments, les locaux et le matériel sont le bien commun de tous les usagers, il doit être respecté.

Extrait d'un Règlement intérieur.

Compétences
- Se sentir membre d'une collectivité.
- Être responsable.

ÉTAPE 1 J'analyse le thème du débat

1 Dans les **doc 1 à 3** :
- J'encadre en bleu les situations évoquées qui permettent de se sentir bien au collège.
- J'encadre en rouge les situations évoquées qui ne permettent pas de se sentir bien au collège.

2 J'entoure les mots qui définissent le bien commun.

ÉTAPE 2 Je participe au débat dans la classe

3 **À quelles conditions peut-on se sentir bien au collège ?**

a. **Avant le débat :** dans le tableau, j'exprime mon point de vue en prenant appui sur les documents.

b. **Pendant le débat :** je note le point de vue des autres élèves.

c. **Après le débat :** j'entoure les arguments avec lesquels je suis d'accord.

	Les attitudes des élèves pour le bien commun	
	Les attitudes à adopter Pourquoi ?	**Les attitudes à ne pas adopter Pourquoi ?**
Mes arguments	....	....
Les arguments des autres élèves	....	....

ÉTAPE 3 Ce que je retiens du débat

4 À la suite du débat, j'exprime mon point de vue : pour me sentir bien au collège, je dois respecter le bien commun.

- Il faut :

....

....

....

- Il ne faut pas :

....

....

....

- Ai-je changé d'avis après le débat ? Pourquoi ?

....

....

....

....

....

Auto-évaluation

J'ai compris le rôle que j'ai à jouer pour préserver le bien commun au collège.

☐ ☐ ☐

Je retiens Au collège, respecter, se respecter

A Au collège, respecter des règles

• Le **Règlement intérieur**, loi du collège, doit être appliqué par tous. Il définit les droits des collégiens : droit à un enseignement gratuit pour les garçons et les filles, droit de s'exprimer, d'être protégé. Il définit aussi des devoirs : être présent à tous les cours, respecter les personnes et le matériel du collège, appliquer les consignes de sécurité, la charte informatique.

• Pour que le droit à l'instruction soit réel, le principe de l'égalité des chances est appliqué. Le collège accueille les enfants en situation de handicap, les enfants qui arrivent de l'étranger, et met en place des aides spécifiques pour leur intégration.

B Au collège, bien vivre ensemble

• La Charte de la **laïcité**, affichée dans tous les établissements scolaires publics, donne le droit aux élèves d'exprimer leurs idées religieuses de manière discrète, mais leur interdit de convertir les autres à leur religion. Les enseignants doivent faire preuve de **neutralité**.

• Bien vivre ensemble signifie que les élèves doivent se respecter, peu importe leur couleur de peau, leur origine, leur croyance. Agir pour le **bien commun**, c'est respecter les valeurs de la République « Liberté, Égalité, Fraternité ».

Les mots importants

• **Bien commun** : au collège, respect entre les membres de la communauté scolaire, et respect des locaux et du matériel scolaire, pour bien vivre ensemble.

• **Neutralité** : qui ne manifeste ni ses idées, ni sa religion.

• **Règlement intérieur** : texte officiel qui fixe les règles à respecter par tous au collège.

Les Valeurs de la République

▶ Laïcité

Principe selon lequel l'État ne favorise aucune religion, et garantit à chacun la liberté de conscience (pratiquer ou non une religion, exprimer son point de vue…). La laïcité, c'est la liberté et l'égalité. C'est aussi la fraternité, qui signifie reconnaître et respecter les différences entre les personnes. La laïcité permet de bien vivre ensemble.

Je révise chez moi

Je connais l'essentiel

- ✔ **Quels sont les trois textes de référence à respecter au collège ?**
  Je les souligne en rouge dans la leçon.
- ✔ **Comment la laïcité est-elle respectée au collège, par les adultes et par les élèves ?**
  Je souligne en vert les phrases de la leçon qui s'y rapportent.
- ✔ **Comment l'égalité des chances est-elle appliquée au collège ?**
  Je souligne deux catégories d'élèves qui en bénéficient.

Je sais définir et utiliser dans une phrase

- ✔ Règlement intérieur
- ✔ Laïcité
- ✔ Bien commun

Entraîne-toi à l'aide des exercices numériques !

EXO Exercices interactifs

Exercices

1 Au collège, j'agis pour le bien commun

Je coche les attitudes qui respectent le bien commun.

DANS LA CLASSE

- ☐ Je dessine au stylo sur ma table : cela fait joli.
- ☐ J'éteins mon téléphone.
- ☐ Je parle sans lever la main et je n'écoute pas les autres.
- ☐ Je dépose mes papiers dans la poubelle à la fin du cours.

À LA CANTINE

- ☐ Je trie mes déchets.
- ☐ Je nettoie la table quand je renverse des aliments.
- ☐ Je parle et je crie très fort : il faut se défouler.
- ☐ Je laisse mon plateau sur la table : les agents de service sont là pour ça.

DANS LA COUR

- ☐ J'adore me moquer des élèves : c'est trop drôle.
- ☐ Je ne m'excuse jamais car j'ai toujours raison.
- ☐ Je suis poli(e) avec les adultes qui nous surveillent.
- ☐ J'écoute mes camarades quand ils me disent qu'ils ont une religion ou qu'ils n'en ont pas.

2 Au collège, je sais ce que veut dire « respecter, se respecter »

Je complète chaque petite fiche avec le mot manquant qui explique comment vivre ensemble au collège, dans le respect.

Ce texte fixe les droits et les devoirs des élèves.
....

Ce texte est affiché dans toutes les salles de classe et interdit d'exprimer ses opinions politiques et religieuses.
....

Ce texte définit les règles de l'utilisation d'Internet au collège.
....

Le collège accueille les élèves en situation de handicap. Il applique le principe de
....

Les enseignants n'ont pas le droit d'exprimer leurs opinions politiques et religieuses. Ils appliquent le principe de ....

Vivre ensemble au collège, c'est appliquer la devise de la République :
....
....

J'agis **5**

Participer à l'élection des délégués de classe

MA MISSION

Durant la Semaine de l'engagement collégien va se dérouler l'élection des délégués de classe. À l'aide des documents, j'explique comment sont élus les délégués de classe et quel est leur rôle.

1 Ce que dit la loi

– Chaque classe élit deux délégués (deux titulaires et deux suppléants) pour l'année scolaire.

– Les candidatures sont individuelles. […]

– Tout élève est électeur et éligible, c'est-à-dire qu'il peut être élu.

– L'élection a lieu à bulletins secrets […].

– La majorité absolue [la moitié des voix plus une] est exigée au premier tour. Il est procédé à un second tour à la majorité relative [est élu celui qui a le plus grand nombre de voix].

D'après le *Bulletin officiel de l'Éducation nationale* n° 42, 15 novembre 1990.

2 Les étapes de l'élection

1 ....

2 ....

3 ....

4 ....

5 ....

3 Paroles de délégué(e)s

Camille

Je suis en 6e et j'étais déjà déléguée en primaire. Ce qui change, c'est que je dois parler à plusieurs professeurs au nom de mes camarades de classe. Quelle responsabilité !

Enzo

Je suis en 5e. Les professeurs et les élèves ont besoin d'un intermédiaire pour la planification des évaluations.

Moussa

Moi, je suis en 3e. C'est la première fois que je suis élu. J'ai assisté au conseil de classe. J'y ai représenté mes camarades de classe. Je suis aussi au conseil d'administration.

Lin

Déléguée depuis la 6e, j'adore me rendre utile pour la classe. Au conseil de classe, je défends chaque élève ; j'explique ses difficultés. Ça me rend fière et j'ai encore plus envie d'avoir des responsabilités.

4 Le jour du vote

Vidéo et script

Collège Simone-Veil de Pontoise (Val d'Oise), 2015.

Compétences
- S'engager et assumer des responsabilités au collège.

QUESTIONS

1 **Doc 1.** Je souligne les mots qui définissent le fonctionnement de l'élection des délégués.

2 **Doc 3 et 4.** Je nomme les qualités dont doivent faire preuve les délégués.

....

....

....

3 **Doc 2 et 4.** À l'aide des informations de la vidéo, j'indique dans le **doc 2** à quelle étape de l'élection des délégués correspond chaque numéro.

J'ACCOMPLIS MA MISSION

J'explique les principales étapes de l'élection des délégués de classe et le rôle des délégués.

Je me mets à la place d'un candidat à l'élection des délégués et je rédige ma profession de foi.

Étape 1

La campagne électorale

....

....

....

Étape 2

Le déroulement de l'élection

....

....

....

Je liste ce que doit faire l'élève-électeur pour pouvoir voter.

Étape 3

Procès-verbal des résultats du vote

Je note les résultats du vote dans ma classe.

Premier tour		Second tour	
Candidats	**Voix obtenues**	**Candidats**	**Voix obtenues**
....		....	
....		....	
....		....	
....		....	

Je cite les qualités qui doivent être celles des délégués. Je présente leur rôle auprès des élèves de leur classe et des adultes du collège

Étape 4

Les délégués élus, représentants des élèves

Leurs qualités :

....

....

....

Leur rôle :

....

....

....

Auto-évaluation

J'ai compris pourquoi élire des délégués de classe est un acte important pour tous les élèves.

☐ ☐ ☐

J'agis 6 Comment s'engager contre le harcèlement au collège ?

MA MISSION

Au collège, les élèves sont tous égaux en dignité et en droits. C'est pourquoi votre classe s'est inscrite au concours « Non au harcèlement ». À l'aide des documents, j'explique pourquoi il faut tous se mobiliser contre le harcèlement.

1 Mathilde, victime de harcèlement au collège

À 15 ans, en classe de 3e, Mathilde a écrit un livre qui raconte le harcèlement subi au collège.

Tout a commencé par ce qui peut ressembler à une blague. Alors que Mathilde entre en 6e, son copain Laurent, avec qui elle était à l'école primaire, l'appelle soudainement « sale castor » en raison de son problème de dentition. Elle réplique. Pour elle, ce n'est alors qu'un jeu. Mais le jeu deviendra très vite un enfer. Elle subit les insultes, les humiliations, les coups de plusieurs personnes de sa classe [...]. En cinquième, les violences sont quotidiennes. Mathilde endure les brimades sans que ni l'équipe éducative, ni ses parents, auxquels elle cache tout, ne s'en aperçoivent. Ses résultats scolaires chutent au fur et à mesure que son état physique et mental se dégrade. [...] Un jour, Mathilde prend sur elle et explique tout à ses parents. Puis, elle se rend au commissariat de police et dépose plainte contre « dix-sept personnes en tout ».

« Harcelée au collège, Mathilde raconte son calvaire », *Le Figaro Étudiant*, 2 novembre 2016.

Vocabulaire

- **Harcèlement** : violences répétées, physiques ou verbales, qui sont le fait d'une ou de plusieurs personnes sur une victime isolée, qui ne peut pas se défendre.

2 Des collégiens engagés contre le harcèlement

Vidéo et script

Vidéo réalisée avec les élèves du collège Jean-Macé de Porte-lès-Valence dans la Drôme (réal. : J. Chizat), 2020.

Info

« Le harcèlement, si on n'en parle pas, il ne s'arrête pas. »

La loi punit le harcèlement scolaire. Élèves victimes ou témoins, parents, professionnels, appelez ce numéro gratuit.

NON AU HARCÈLEMENT
ÉLÈVES, PARENTS, PROFESSIONNELS : APPELEZ LE 3020 Service & appel gratuits
du lundi au vendredi de 9h à 20h
samedi de 9h à 18h
WWW.NONAUHARCELEMENT.EDUCATION.GOUV.FR

3 Témoins de harcèlement

Affiche réalisée par les élèves du collège François-Mitterrand d'Arras (Pas-de-Calais), 2019.

Compétences
- Respecter la dignité de toute personne.
- S'engager dans la classe.

QUESTIONS

1 Doc 1, Info.

- Je souligne en rouge les mots qui définissent le harcèlement et en bleu ses effets chez la victime.
- Je souligne en vert les moyens pour mettre fin au harcèlement.

2 Doc 2. Je regarde la vidéo puis je réponds aux questions.

- Que subit l'élève humilié ?

....

- Quel est alors le rôle du témoin ?

....

- À qui faut-il s'adresser pour mettre fin au harcèlement ?

....

3 Doc 3.

- Je décris ce qu'il se passe dans la partie haute de l'affiche.

....

- J'exprime mon opinion : que dénoncent les slogans de l'affiche ?

....

....

4 Doc 1, 2 et 3. à l'oral

J'explique en quelques phrases pourquoi, au collège, tous les élèves doivent se mobiliser contre le harcèlement.

J'ACCOMPLIS MA MISSION

Je réalise avec les élèves de ma classe une affiche pour le concours « Non au harcèlement ».

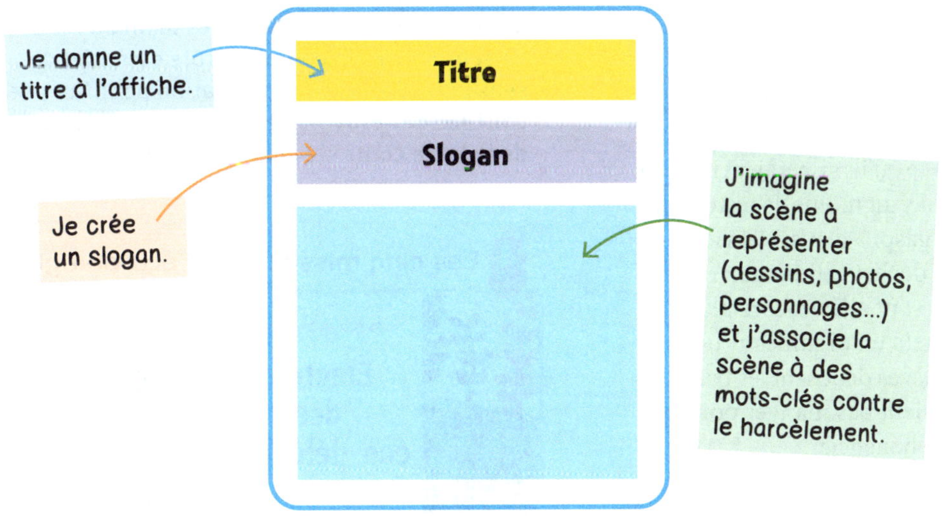

Auto-évaluation

Je me suis engagé(e) pour le respect et la dignité de chacun d'entre nous.

☐ ☐ ☐

J'agis 7

Comment s'engager pour le développement durable au collège ?

OBJECTIFS DE DÉVELOPPEMENT DURABLE
→ voir p. 65

MA MISSION

Dans le cadre de la Semaine européenne du développement durable, je réfléchis avec ma classe aux actions dans lesquelles nous pourrions nous engager dans notre collège.

1 La semaine européenne du développement durable

Affiche du ministère de la Transition écologique, 2019.

Vocabulaire

- **Changement climatique** : modification des caractéristiques du climat en un endroit donné. Actuellement, c'est une augmentation des températures moyennes qui modifie les équilibres météorologiques et les écosystèmes.
- **Développement durable** : « développement qui répond aux besoins des générations du présent sans compromettre la capacité des générations futures à répondre aux leurs » (rapport Brundtland, ONU, 1987).

3 Ce que dit la loi

Art. 1er – Chacun a le droit de vivre dans un environnement équilibré et respectueux de la santé.

Art. 2 – Toute personne a le devoir de prendre part à la préservation et à l'amélioration de l'environnement.

Charte de l'environnement (2004).

2 Une brigade « anti-gaspi »

Vidéo — Des actions pour la planète

Des élèves de troisième du collège René-Descartes de Châtellerault (Vienne) se sont engagés pour lutter contre le gaspillage alimentaire dans leur restaurant scolaire. Ils ont mis en place plusieurs projets comme la création de menus par les élèves. Grâce à un sondage sur Pronote, ils ont demandé à leurs camarades ce qu'ils aimeraient manger au restaurant scolaire pour qu'il y ait moins de restes dans les assiettes. La « brigade anti-gaspi » a aussi fabriqué un bac à compost : il récupère les déchets alimentaires pour en faire de l'engrais. Les élèves sont allés encore plus loin dans leur lutte contre les déchets en organisant un troc alimentaire. Dans un bac, les élèves déposent les fruits ou aliments emballés qu'ils ne veulent pas manger pour que d'autres camarades puissent en bénéficier.

« Des actions inspirantes dans les collèges », mtaterre.fr

Le savez-vous ?

Les **élections des éco-délégués** se déroulent dans les classes de collège dès la fin du mois de septembre. Ils jouent un rôle essentiel de sensibilisation et de mobilisation pour faire des collèges des espaces de biodiversité, à la pointe de la lutte contre le changement climatique.

4 Les cinq missions de l'éco-délégué(e)

Ministère de l'Éducation nationale, de la Jeunesse et des Sports, 2019.

Compétences
- Se sentir membre d'une collectivité.
- Être responsable de ses propres engagements.

QUESTIONS

1 Doc 1 et 3.

- J'explique à quoi rêve l'enfant de l'image.

....

....

....

- Dans l'extrait de la Charte de l'environnement, je souligne les deux conditions qui pourraient permettre à ce rêve de se réaliser.

2 Doc 4, Le savez-vous ? À partir des informations de la vidéo, je nomme les cinq missions de l'éco-délégué(e).

❶ .... ❹ ....

❷ .... ❺ ....

❸ ....

3 Doc 2 et 4. J'énumère les actions pour le développement durable, citées dans ces documents, que peuvent accomplir tous les élèves.

....

....

....

J'ACCOMPLIS MA MISSION

Avec les élèves de la classe, nous créons une Charte pour le développement durable au collège, à la manière de la Charte de l'environnement.

Quelles sont les actions actuelles auxquelles nous participons ?

Quelles nouvelles actions peut-on mener pour renforcer notre engagement (dans la classe, dans la cour, dans les couloirs, à la cantine) ?

S'ENGAGER AU COLLÈGE POUR LE DÉVELOPPEMENT DURABLE

Notre engagement aujourd'hui :

- ....
- ....
- ....
- ....

Notre engagement pour demain :

- ....
- ....
- ....
- ....

En savoir plus ?

Les bons réflexes pour protéger l'environnement

Lien vers le site

Auto-évaluation

Je m'engage au collège pour le développement durable.

☐ ☐ ☐

Débattre 8 Comment régler un conflit entre élèves au collège ?

1 Un conflit au collège

2 Témoignages d'élèves médiateurs

Vidéo

La médiation par les pairs

La médiation m'a beaucoup apporté dans ma relation avec les autres. Cela m'a permis de mieux communiquer, mieux écouter. […] Moi qui ai toujours détesté l'injustice, cela m'a donné des outils pour y remédier.

Medhi, en 4e

Quand je règle des conflits, je suis soulagée. […] J'ai compris qu'il y avait plusieurs points de vue dans une dispute. Et parler apaise.

Emma, en 6e.

Aider les autres me donne le courage de prendre la parole […]. J'ai toujours voulu aider les autres […]. C'est pour ça que je suis contente d'être médiatrice.

Sarah, en 6e.

D'après les témoignages sur le site du collège Jean-Lurçat de Saint-Céré (Lot), 2019.

Info

La **médiation entre élèves** de certains conflits (petites violences quotidiennes, incivilités) est réalisée par des élèves extérieurs aux conflits et formés pour trouver une solution.

3 Ce que dit le Règlement intérieur

Afin de pouvoir vivre ensemble, chaque membre de la communauté scolaire doit faire preuve de respect. Ne pas se bousculer, ne pas se moquer, ne pas utiliser de surnoms, etc.

Tous les membres de la communauté scolaire doivent adopter un comportement et un langage corrects, conformes aux usages et aux règles de politesse et ont le devoir de n'user d'aucune violence verbale ou physique.

Extrait du Règlement intérieur du collège Jean-Lurçat de Saint-Céré (Lot).

Compétences
- Confronter ses jugements à ceux d'autrui dans un débat.
- Être capable d'écoute.

ÉTAPE 1 J'analyse le thème du débat

1 **Doc 1.** à l'oral Je décris ce que je ressens face à chacune de ces situations.

2 **Doc 1 et 3.** Je rédige une ou deux phrases pour dire ce que je ferais si j'étais témoin de ces scènes.

3 **Doc 1, Info.** J'entoure les différentes personnes qui peuvent régler un conflit entre élèves.

4 **Doc 2.** Je souligne en bleu ce que les élèves médiateurs apportent aux élèves qui sont en conflit. Je souligne en vert ce que cela apprend aux élèves médiateurs.

ÉTAPE 2 Je participe au débat dans la classe

5 **Comment régler un conflit entre élèves au collège ?**

a. **Avant le débat :** à l'aide des documents et de mon expérience, je note mes arguments.

b. **Pendant le débat :** je note les arguments des autres élèves.

c. **Après le débat :** j'entoure les arguments avec lesquels je suis d'accord.

	Mes arguments	Les arguments des autres élèves
Qu'est-ce que la médiation par les élèves apporte aux élèves qui sont en conflit ?		
Qu'est-ce que la médiation par les élèves apprend aux élèves médiateurs ?		

ÉTAPE 3 Je m'engage en exprimant mon point de vue

6 • En cas de conflit avec un ou une élève, comment est-ce que je réagirais ?

• Est-ce que cela me plairait de devenir élève médiateur ?

Auto-évaluation

J'ai su participer à un débat de manière responsable.

☐ ☐ ☐

Je retiens S'engager dans la vie du collège

A Agir individuellement en « apprenti citoyen »

• L'élève peut se présenter à l'élection des délégués de classe. Élu démocratiquement par les élèves de sa classe, le délégué est à l'écoute de ses camarades. Il les représente auprès des professeurs et des adultes de l'établissement, transmet les informations et participe au conseil de classe. Il peut aussi soumettre des idées pour améliorer la vie de la classe.

• L'élève peut aussi devenir **médiateur**. Après s'être formé, il cherche à régler pacifiquement les incivilités et petits conflits entre élèves.

B Agir collectivement pour le bien commun

• Les élèves peuvent s'engager dans des actions collectives, au nom de la fraternité et de la solidarité. Ils se mobilisent contre le **harcèlement** scolaire, physique ou moral, et le dénoncent car cette violence est très grave pour les victimes (décrochage scolaire, isolement, troubles dépressifs...).

• Les élèves agissent également pour le **développement durable** et peuvent devenir éco-délégués. Ils mettent en pratique des gestes quotidiens contre le changement climatique : réduire la consommation d'énergie, éviter le gaspillage alimentaire, trier les déchets, protéger la biodiversité.

Les mots importants

• **Développement durable** : « développement qui répond aux besoins des générations du présent sans compromettre la capacité des générations futures à répondre aux leurs » (rapport Brundtland, ONU, 1987).

• **Harcèlement** : violences répétées, physiques ou verbales qui sont le fait d'une ou de plusieurs personnes sur une victime isolée, qui ne peut pas se défendre.

• **Médiateur** : personne qui sert d'intermédiaire entre deux personnes, ou deux groupes, pour régler un désaccord. Son intervention permet de résoudre les conflits par la discussion.

Les Valeurs de la République

▶ Fraternité

Elle se manifeste par l'entraide et l'engagement, conformément à l'article 1er de la Déclaration universelle des droits de l'homme (1948) : « Tous les êtres humains naissent libres et égaux [...]. Ils doivent agir les uns envers les autres dans un esprit de fraternité. »

Je révise chez moi

Je connais l'essentiel

✔ **Comment l'élève peut-il s'engager individuellement au collège ?**
Je souligne en rouge deux engagements.

✔ **Comment l'élève peut-il s'engager collectivement au collège ?**
Je souligne en bleu deux actions.

✔ **Pourquoi s'engager au collège ?**
J'encadre trois mots-clés qui définissent l'attitude de l'élève engagé.

Je sais définir et utiliser dans une phrase

✔ **Délégué de classe**

✔ **Médiateur**

✔ **Harcèlement**

✔ **Développement durable**

Entraîne-toi à l'aide des exercices numériques !

EXO Exercices interactifs

Exercices

1 Je sais comment lutter contre le harcèlement au collège

Parmi ces affirmations, certaines sont vraies, d'autres sont fausses. Je barre celles qui sont fausses.

Je suis victime
- Je réagis par la violence contre l'élève qui m'agresse.
- Je me confie au délégué de classe.
- Je ne viens plus au collège.
- J'en parle à mes parents.
- Je décide d'avoir de mauvaises notes.
- Je porte plainte au commissariat de police.

Je suis témoin
- Cela me fait rire.
- Je dis STOP aux harceleurs.
- Je fais comme si je n'avais rien vu, rien entendu.
- Je dénonce les harceleurs auprès du CPE.
- J'en parle aux élèves élus au Conseil de la vie collégienne.
- J'estime que la victime l'a « bien mérité ».

2 Je sais comment agir pour le développement durable au collège

Affiche du collège Marcel-Pagnol de Plouay (Morbihan).

1 Sous chaque dessin de l'affiche, j'indique l'objectif de développement durable qui lui correspond, en choisissant parmi les mots suivants :

santé | alimentation | énergie | déchets | climat

2 Sur le plan de l'alimentation, j'explique comment les choix du collège privilégient le développement durable.

- Exemple : se nourrir de produits locaux parce que ....

....

....

ON EN DISCUTE

9 La dignité de l'enfant, qu'est-ce que ça veut dire ?

Pour commencer

Il était une fois un monde sans lois ni règles, où les barrières qui entravent la liberté des enfants étaient tombées. On était libre de s'exprimer comme on l'entendait, libre d'insulter son voisin, ses parents, ses professeurs, libre de circuler en faisant le plus de bruit possible, libre de préférer le plaisir au travail. […] Il n'y avait plus de contraintes, plus de limites à ses désirs […]. On finissait sa journée devant la télé, enchaînant films d'horreur, de violence… À minuit, on éteignait, rassasié de plaisirs et de liberté.

Évelyne Demey, *Je, Tu, il, Moi et les autres. Petit traité de civisme à l'usage des parents*, Éditions Arnaud Franel, 1999.

1 NOS PREMIÈRES RÉACTIONS

Nos émotions face à cette situation.

Mes émotions

....

....

....

....

....

....

....

Les émotions des autres

....

....

....

....

....

....

....

Coup de pouce

- Je peux m'aider de la roue des émotions p. 4.

Nous dialoguons pour dire pourquoi nous ressentons ces émotions.

→ Je rédige quelques phrases qui expliquent les émotions que nous avons ressenties.

....

....

....

Nous discutons à deux, en groupes ou en classe entière.

→ Nous réfléchissons autour du mot « **dignité** ».
Qu'est-ce qu'il veut dire pour nous qui sommes des enfants ?

....

....

....

....

....

Coup de pouce

- Que savez-vous déjà au sujet de ce mot ?
- Que dit le dictionnaire au sujet de ce mot ?

Compétences
- Identifier et exprimer ses émotions.
- Exprimer son opinion et respecter l'opinion des autres.

2 NOS ARGUMENTS

« La dignité de l'enfant, qu'est-ce que ça veut dire ? »

1. à l'oral **La dignité de l'enfant, est-ce vivre comme les enfants dans le document ?**

→ Ces enfants ont-ils du respect pour eux-mêmes ? ❑ Oui ❑ Non
Pourquoi ?

→ Ces enfants respectent-ils les autres ? ❑ Oui ❑ Non
Pourquoi ?

→ Ces enfants doivent-ils être respectés par les autres ? ❑ Oui ❑ Non
Pourquoi ?

Coup de pouce
- Je réponds de manière argumentée aux questions posées.
- J'utilise les mots **dignité**, **digne**, **indigne**.

2. En tant qu'enfant, que signifie vivre dans la dignité (au collège, dans sa famille, dans une activité collective…) ?

....

....

Bilan de la discussion

Je réalise un nuage de mots

→ Par une couleur, j'indique les mots qui définissent ce qu'est la dignité de l'enfant.

→ Par une autre couleur, j'indique quelques mots qui signifient le contraire de la dignité de l'enfant.

Interview de
Éric Delemar,
Défenseur des enfants

→ Que m'apprend cette interview ?

Auto-évaluation

J'ai su m'intégrer dans la discussion et j'ai enrichi ma réflexion.

☐ ☐ ☐

J'enquête 10 Pourquoi des droits pour les enfants ?

Que dois-je faire ? **Le 20 novembre 1989, l'Assemblée générale des Nations unies (195 États dont la France) a adopté à l'unanimité la Convention internationale des droits de l'enfant. Comment les documents montrent-ils que les enfants ont des droits particuliers ?**

1 « C'est quoi les droits de l'enfant ? »

Vidéo et script

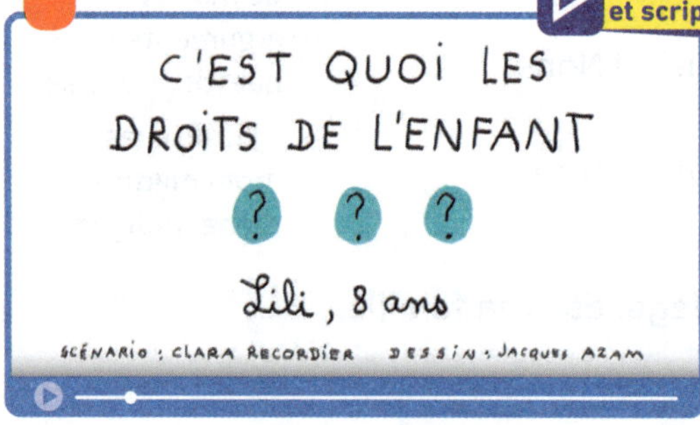

1 jour, 1 question (scénario : C. Recordier, dessin : J. Azam), 2019.

2 Ce que dit la loi

1. Le droit à l'égalité […], quel que soit son sexe, son origine, sa religion (art. 2).
2. Le droit de vivre en famille (art. 7).
3. Le droit d'avoir […] un nom, un prénom, une nationalité (art. 8).
4. Le droit à la santé (art. 24).
5. Le droit à l'éducation (art. 28) et aux loisirs (art. 31).
6. Le droit pour l'enfant handicapé d'être […] respecté dans sa dignité (art. 23).
7. Le droit à la protection de sa vie privée (art. 16).
8. Le droit d'être entendu sur les questions qui le concernent (art. 12 et 13).
9. Le droit d'être protégé contre les violences (art. 19).
10. Le droit de ne pas être exploité (art. 32).

D'après la Convention internationale des droits de l'enfant (1989).

3 Le 20 novembre, Journée internationale des droits de l'enfant

Affiche réalisée en 2019 par la Fédération nationale des Francas à l'occasion des 30 ans de la Convention internationale des droits de l'enfant (20 novembre 1989).

QUESTIONS

1 Doc 1. à l'oral Nous nous exprimons au sujet de ce que nous apprend cette vidéo.
Je rédige ensuite une phrase qui résume le mieux la nécessité de donner des droits aux enfants.

....

....

2 Doc 2 et 3. Pour chaque image de cette affiche, j'indique le numéro de l'article de la Convention internationale des droits de l'enfant qui lui correspond.

Nathan live!

Compétences
- S'informer de manière rigoureuse.
- Comprendre les raisons de l'obéissance à la loi.

4 En France, faire respecter les droits des enfants

Tu te sens en danger ?

119 — 24H/24 — APPEL GRATUIT — 7j/7 — ALLÔ ENFANCE EN DANGER

Tu penses que tes droits ne sont pas respectés ?

Tu peux téléphoner au 119 !

Tu peux aussi contacter la Défenseure des droits :
www.defenseurdesdroits.fr

5 Dans le monde, l'Unicef auprès de tous les enfants

unicef — pour chaque enfant

L'Unicef (Fonds international des Nations unies pour l'enfance) est une organisation fondée en 1946, […] qui vient en aide à des millions d'enfants en détresse dans le monde. […] Dans plus de 200 pays, elle veille à ce qu'ils aient assez à boire et à manger, qu'ils soient en bonne santé, qu'ils soient soignés, qu'ils puissent aller à l'école, qu'ils soient aidés en cas de guerre ou de catastrophe naturelle […].

L'Unicef agit au nom de la Convention des droits de l'enfant. Tous les enfants ont les mêmes droits ! […] L'Unicef les défend pour chaque enfant.

unicef.fr

QUESTIONS

3 Doc 4 et 5. Je complète le tableau à partir des informations relevées dans les documents.

	Défendre les enfants	
	Doc 4	**Doc 5**
Par qui ? Où ?	....	....
Comment ?	....	....
Quel résultat ?	....	....

Ce que j'ai appris

Je rédige quelques phrases qui montrent que les droits de l'enfant servent à protéger les enfants.

....
....
....
....
....
....
....
....

En savoir plus ?

Le jeu de l'oie des droits de l'enfant

Lien vers le site

Auto-évaluation

J'ai compris que la loi protège les enfants.

☐ ☐ ☐

Débattre 11 Que signifie être des parents responsables ?

1 Une action de parents

Des parents ont saisi le Défenseur des droits au sujet de leur fils, hyperactif, qu'ils estiment victime d'une discrimination. La Maison des Jeunes et de la Culture a refusé sa participation à certaines activités en raison de son handicap. Le Défenseur des droits rappelle au directeur de la MJC son obligation d'accueillir tous les enfants dans le cadre de toutes les activités proposées, avec, si nécessaire, des aménagements. La MJC a pris les mesures appropriées pour accueillir tous les enfants en situation de handicap.

defenseurdesdroits.fr

Chiffres clés

En France, en 2019, **300 000** enfants étaient suivis par les services de la Protection de l'enfance. Chaque année, entre **70 et 80 enfants** meurent de violences parentales. Deux enfants sur trois ont **moins de cinq ans**.

Observatoire national de la protection de l'enfance

Vocabulaire

- **Autorité parentale** : ensemble des droits et des devoirs des parents, qui s'exercent dans l'intérêt de l'enfant.

2 Stop aux violences ordinaires

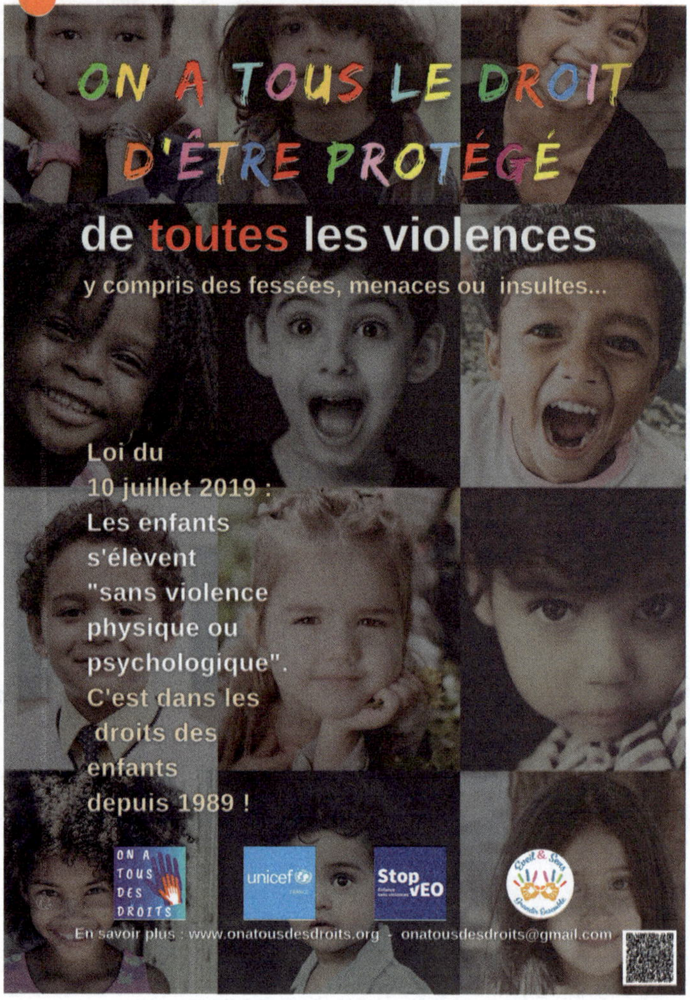

Affiche de l'association « On a tous des droits ! » (2019), à l'occasion des 30 ans de la Convention internationale des droits de l'enfant (1989).

3 Ce que dit la loi

Art. 371.1 – L'autorité parentale est un ensemble de droits et de devoirs ayant pour finalité l'intérêt de l'enfant.

Elle appartient aux parents [...] pour le protéger dans sa sécurité, sa santé et sa moralité, pour assurer son éducation et permettre son développement dans le respect dû à sa personne.

L'autorité parentale s'exerce sans violences physiques ou psychologiques.

Les parents associent l'enfant aux décisions qui le concernent, selon son âge et son degré de maturité.

Code civil.

Préambule. L'enfant, pour l'épanouissement [...] de sa personnalité, doit grandir dans le milieu familial dans un climat de bonheur, d'amour et de compréhension.

Convention internationale des droits de l'enfant (1989).

Le savez-vous ?

L'Aide sociale à l'enfance (ASE) est un service départemental qui agit auprès des familles en grande difficulté éducative. Elle prend des mesures de protection de leurs enfants à qui elle apporte un soutien matériel, éducatif et psychologique face aux difficultés qui mettent en danger leur développement.

Interview de

Adrien Taquet, Secrétaire d'État en charge de l'enfance et des familles

Entretien réalisé par les Éditions Nathan, 2021.

Compétences
- Être capable de réflexion critique.
- Confronter son jugement à ceux des autres.

ÉTAPE 1 J'analyse le thème du débat

1 Doc 1, 2 et 3. Je souligne les mots et groupes de mots qui évoquent les attitudes des parents envers leurs enfants : en vert, les attitudes positives ; en rouge, les attitudes négatives.

2 Doc 3. J'encadre dans le texte les mots qui définissent l'autorité parentale selon la loi. J'illustre quelques-uns de ces mots par des exemples d'actions de la part des parents pour bien faire grandir leurs enfants.

....

....

....

Coup de pouce
- Je peux m'appuyer sur des attitudes vécues.

ÉTAPE 2 Je participe au débat dans la classe

3 Que signifie être des parents responsables ?

a. Avant le débat : dans le tableau suivant, je note mon point de vue en prenant appui sur les informations que j'ai encadrées et soulignées dans les documents.

b. Pendant le débat : je note les arguments des autres élèves.

c. Après le débat : j'entoure dans le tableau les arguments avec lesquels je suis d'accord.

	Être parents : est-ce avoir des droits sur ses enfants ?	Être parents : est-ce avoir des devoirs à l'égard de ses enfants ?
Mes arguments		
Les arguments des autres élèves		

ÉTAPE 3 Ce que je retiens du débat

4 À la suite du débat, j'exprime mon opinion : que signifie être des parents responsables ?

....

....

....

....

....

....

....

Auto-évaluation

Je comprends les raisons de l'obéissance à la loi.

☐ ☐ ☐

Je retiens L'enfant, une personne à respecter

A Des droits, pour protéger les enfants

• La Convention internationale des droits de l'enfant (CIDE), adoptée en 1989 par **l'ONU**, reconnaît des droits obligatoires que les adultes doivent respecter au nom de l'intérêt de l'enfant : le droit d'avoir une identité, d'avoir une famille, d'être soigné, d'aller à l'école, d'être protégé contre toutes les formes de violences et de maltraitance.

• Les parents disposent de l'**autorité parentale**, qui les rend responsables de leur enfant **mineur**. Conformément à la CIDE, ils décident de son éducation, veillent à sa santé, lui permettent de s'exprimer.

B Des droits à défendre

• En France, si ses droits ne sont pas respectés, l'enfant ou ses parents peuvent contacter le **Défenseur des droits**. S'il est en danger, l'enfant ou un adulte appelle le 119. Mais avoir des droits, c'est aussi avoir des devoirs. L'enfant doit respecter les autres, obéir à ses parents et respecter la loi, sinon il est puni.

• Dans tous les États du monde, l'**Unicef** agit afin que chaque enfant dispose des mêmes chances pour réussir dans la vie. Le respect des droits et de la **dignité** de l'enfant fait partie des objectifs de développement durable (ODD) de l'ONU depuis 2015.

Les mots importants

- **Autorité parentale** : ensemble des droits et des devoirs des parents, qui s'exercent dans l'intérêt de l'enfant.
- **Défenseur des droits** : autorité chargée de promouvoir les droits de l'enfant. En cas de violation des droits de l'enfant, le Défenseur agit pour trouver une solution.
- **Mineur** : personne âgée de moins de 18 ans.
- **Organisation des Nations unies (ONU)** : organisation internationale qui défend l'égalité, la liberté, la paix, partout dans le monde.
- **Unicef (Fonds des Nations unies pour l'enfance)** : agence des Nations unies qui défend les droits des enfants dans le monde entier.

Les Valeurs de la République

▶ Dignité

Tout être humain est unique et estimable : c'est sa dignité. Il doit la respecter pour lui-même : c'est l'estime de soi. Et chacun doit respecter la dignité des autres.

Je révise chez moi

Je connais l'essentiel

- ✔ **Quels sont les droits énoncés dans la Convention internationale des droits de l'enfant que les adultes doivent respecter ?** Je les souligne en vert.
- ✔ **Comment l'enfant peut-il être défendu quand ses droits ne sont pas respectés ?** Je souligne 2 moyens en bleu.
- ✔ **Comment l'ONU agit-il pour protéger les enfants partout dans le monde ?** Je souligne 3 termes en rouge.

Je sais définir et utiliser dans une phrase

- ✔ **Autorité parentale**
- ✔ **Devoirs des enfants**
- ✔ **Dignité de l'enfant**

Entraîne-toi à l'aide des exercices numériques !

EXO Exercices interactifs

Exercices

1 Je comprends comment les enfants peuvent défendre leurs droits

Moi, c'est Sofia

On a lancé un journal au collège, avec une partie « Actualités », des interviews de profs, des pages sportives. On a sorti deux numéros. Le directeur relisait avant la parution. Et soudain, on nous a dit, sans raison, de tout arrêter. On a appelé le Défenseur des droits. On a fait une réunion avec la direction du collège, et ils ont accepté de nous laisser continuer.

Droit de l'enfant : ....

Moi, c'est Yannis

Mes parents divorcent et je vais vivre avec ma mère. Mais quand j'ai appris qu'on allait déménager à l'autre bout de la France, j'ai eu peur… Moi, j'ai toujours envie de voir mon père. Le délégué du Défenseur des droits, en accord avec le juge aux affaires familiales, a obligé mes parents à s'organiser pour que je puisse continuer à voir mon père.

Droit de l'enfant : ....

D'après *Vraies histoires des Grands Droits*, defenseurdesdroits.fr

1 Je m'informe en lisant ces différentes situations :

- je nomme la/les personne(s) à qui Sofia et Yannis ont fait appel.

....

- je souligne dans les témoignages la raison de leur appel.

2 J'utilise mes connaissances : je cite, sous les témoignages de Sofia et de Yannis, l'article de la Convention internationale des droits de l'enfant qui n'a pas été respecté.

Coup de pouce

- Relisez le document 2 p. 28.
- Rendez-vous sur le site information.defenseurdesdroits.fr/petitehistoiregrandsdroits/

Lien vers le site

2 Je m'informe sur la relation entre l'enfant et le développement durable

Je relie chacune de ces actions à un ou plusieurs objectifs de développement durable de l'ONU.

Soutien éducatif à 19 millions d'enfants et fourniture de matériel scolaire à 11 millions d'enfants.

Interventions auprès de 5 millions d'adolescentes afin de lutter contre les mariages forcés.

Traitement vital administré à 4 millions d'enfants atteints de malnutrition sévère.

Vaccins administrés à 65 millions d'enfants.

Actions humanitaires d'urgence (conflits, catastrophes naturelles…) : déplacement et prise en charge de 25 millions de réfugiés dont la moitié sont des enfants.

J'agis 12 Comment devenir un citoyen numérique ?

MA MISSION

Internet est un outil formidable pour la curiosité et la communication, car il donne accès à des connaissances, à l'actualité, à des réseaux sociaux… Mais son usage comporte des risques. À partir des informations des documents, j'explique ce que signifie être un citoyen numérique.

1 Sur Internet, tous responsables

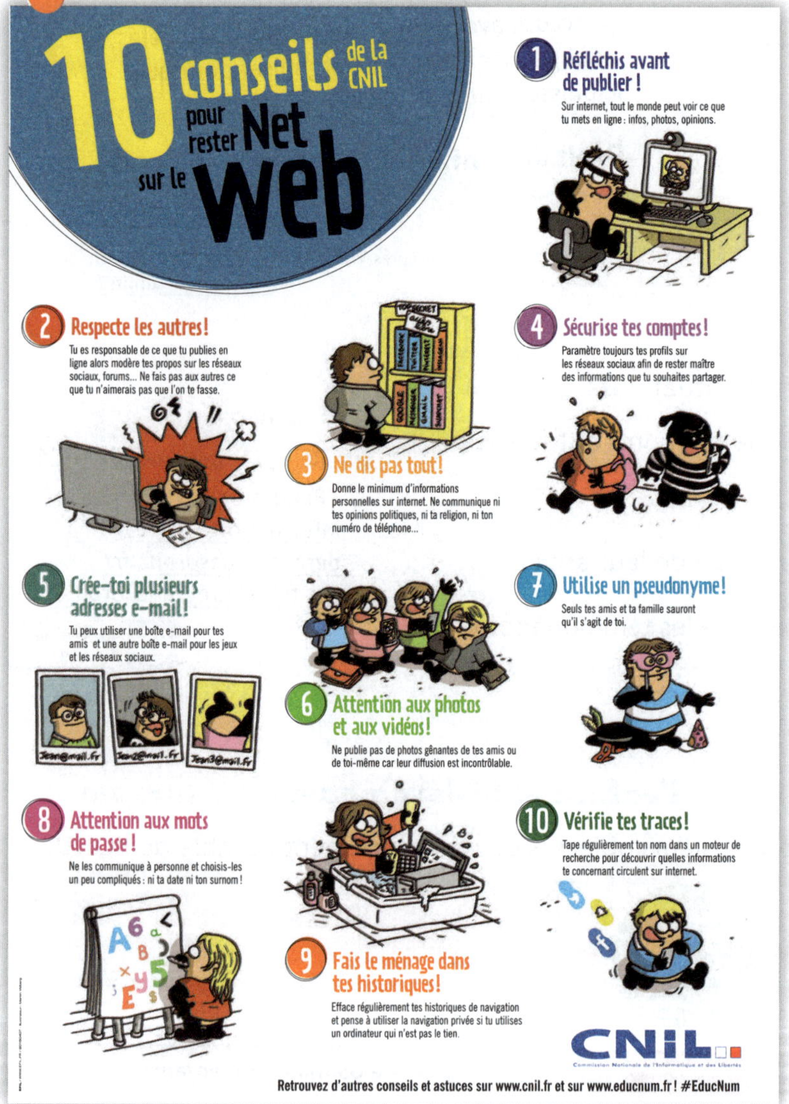

Affiche de la CNIL, 2016.

2 Réagir face aux dangers du web

MINISTÈRE DE L'INTÉRIEUR — internet-signalement.gouv.fr — Portail officiel de signalement des contenus illicites de l'Internet

Sois méfiant à l'égard de ceux qui veulent en savoir trop

- Ne donne aucune information sur toi (nom, numéro de téléphone, adresse personnelle ou du collège…) sans en parler avec tes parents.

Si tu reçois ou si tu vois quelque chose qui te met mal à l'aise

- Ne cherche pas à en savoir plus, déconnecte toi et parles-en à tes parents.
- Si tu envisages de rencontrer quelqu'un que tu as connu en ligne, n'y va jamais sans en parler à tes parents.

Ta messagerie

- Supprime, sans les ouvrir, les mails que tu n'as pas demandés ou qui te sont envoyés par des personnes en qui tu n'as pas confiance.

internet-signalement.gouv.fr

3 Face aux écrans, un usage adapté à l'âge

Vidéo

© Vivement Lundi ! Productions (réalisation : E. Carré, M. Perreten, écriture : N. Dargent).

Info — Lien vers le site

Le cyberharcèlement

Le cyberharcèlement est un acte en ligne (téléphone portable, chats, réseaux sociaux…) agressif et répété de la part d'une personne ou d'un groupe à l'encontre d'une victime qui peut difficilement se défendre seule. Vous pouvez appeler le 0800 200 000 (association e-Enfance).
Le cyberharcèlement commis sur un mineur est puni par la loi, jusqu'à deux ans d'emprisonnement et 30 000 € d'amende.

Compétences
- S'informer de manière rigoureuse.
- Être responsable envers soi et envers autrui.

QUESTIONS

1 Doc 1. Je classe dans le tableau les conseils donnés sur l'affiche : j'inscris le numéro du conseil qui correspond.

Je me protège des autres	J'utilise des outils pour me protéger	Je respecte les autres
....	....	....
....	....	....

2 Doc 2, Info.

- Je souligne dans les textes les mots et extraits de phrases qui indiquent de quelles manières des personnes malveillantes peuvent tenter d'entrer en contact avec moi.
- J'explique :

– pourquoi je ne dois pas répondre à ces personnes.

....

....

....

....

Coup de pouce
- Je propose des arguments à partir des informations relevées dans les documents.
- Je propose des arguments personnels.

– comment j'agis pour les empêcher d'entrer en contact avec moi.

....

....

....

....

3 Doc 3. à l'oral À mon avis, le contrôle parental est-il une atteinte à la liberté des enfants ?

J'ACCOMPLIS MA MISSION

Sous la forme d'une affiche, je présente l'enfant, citoyen numérique.

1 J'identifie les éléments qui vont composer l'affiche, à partir de ce que j'ai appris.

2 Je classe ces éléments :

Le citoyen numérique, c'est...	Le citoyen numérique, ce n'est pas...
....	....
....	....
....	....

3 Je suis créatif : sur l'affiche, je peux écrire des slogans, réaliser des petits dessins qui montrent les avantages et les inconvénients d'Internet, etc.

Auto-évaluation

J'ai compris ce que signifie se comporter en citoyen numérique.

☐ ☐ ☐

J'agis 13

Au quotidien, comment être éco-responsable ?

OBJECTIFS DE DÉVELOPPEMENT DURABLE

→ voir p. 65

MA MISSION

Dans le cadre de la Journée mondiale de l'environnement, je réfléchis avec ma classe aux conséquences des gestes qui portent atteinte à l'environnement. À partir des informations relevées dans les documents, je réalise une carte mentale qui présente les gestes éco-responsables à adopter au quotidien.

1 « Les gestes verts... et toi ! »

Les gestes verts	Je fais déjà ce geste.	Je ne le fais pas encore, mais je suis prêt à le faire.	Je ne le fais pas et ça me semble inutile ou impossible.
J'éteins la lumière quand je sors d'une pièce en dernier.			
Je ne jette jamais de déchets par terre ou dans la nature (papiers, emballages, canettes...).			
Je pense à éteindre mon ordinateur ou ma console de jeu après utilisation.			
Je vais au collège à vélo, roller, skate ou à pied, plutôt qu'en voiture.			
À la cantine, je fais attention à ne prendre que ce que je suis sûr(e) de manger et je ne jette pas de nourriture.			
Je prends des douches plutôt que des bains.			
J'utilise une gourde plutôt qu'une bouteille en plastique.			
Je jette dans une poubelle spéciale mes déchets recyclables (papier, carton, verre).			

D'après myUNICEF.fr

2 Ce que dit la loi

[...] L'avenir et l'existence même de l'humanité sont indissociables de son milieu naturel ; [...] l'environnement est le patrimoine commun des êtres humains [...].

Art. 1er – Chacun a le droit de vivre dans un environnement équilibré et respectueux de la santé.

Art. 2 – Toute personne a le devoir de prendre part à la préservation et à l'amélioration de l'environnement.

Charte de l'environnement (2004).

Vocabulaire

- **Écologie** : mouvement ayant pour objectif la protection de l'environnement naturel par les êtres humains.
- **Environnement** : cadre naturel dans lequel vit l'être humain.

3 Recycler les déchets

Un déchet, c'est ce que l'on jette à la poubelle. Recycler, c'est transformer les déchets en de nouveaux produits. Par exemple : 27 bouteilles plastiques permettent de fabriquer un pull polaire ; 4 briques de lait, un rouleau de papier-toilette ; 2 canettes en aluminium, une trottinette... Pourquoi recycler ? Les déchets ne se décomposent pas tout seuls. Il faut 5 000 ans pour que le verre se décompose, 1 000 ans pour une bouteille plastique, 450 ans pour un sac plastique, 100 ans pour un pneu, 50 ans pour une boîte de conserve, 5 ans pour un papier de bonbon. En recyclant, on économise du pétrole, du bois, du fer, du sable, etc.

sitetom.syctom-paris.fr

Compétences
- Avoir le sens de l'intérêt général.
- Développer une conscience civique en s'engageant pour l'environnement.

4 Consommer autrement

Vidéo
Le gaspillage alimentaire

Association France Nature Environnement, fne.asso.fr

QUESTIONS

1. **Doc 1.** Pour chacun de ces « gestes verts », je coche ce qui correspond à ce que je fais ou ne fais pas dans ma vie de tous les jours.

2. **Doc 3.** Je souligne dans le texte les extraits qui expliquent pourquoi il est indispensable de recycler plutôt que de jeter.

3. **Doc 4.** Dans ma vie personnelle et familiale, est-ce que je respecte les conseils donnés par l'association France Nature Environnement ?

....

....

....

4. à l'oral **Doc 1, 3 et 4.** Nous discutons tous ensemble ou en petit groupe : pourquoi est-il important d'appliquer ces gestes verts et ces conseils ?

5. Je mets en relation les réponses aux questions **1, 2, 3** avec le **doc 2** : je souligne, dans cet extrait de loi les groupes de mots qui expliquent pourquoi nous devons tous adopter un comportement éco-responsable.

J'ACCOMPLIS MA MISSION

Je réalise ma carte mentale et la présente à la classe au format numérique.

Méthode
- Je choisis les mots à écrire : comment se nourrir, consommer, se déplacer...
- Je dessine la forme de la carte mentale.
- J'organise les mots et choisis leur représentation : dessins, symboles...
- Je mets en couleurs et j'illustre la carte mentale.

En savoir plus ?
Je joue avec Tom pour transformer mes déchets
Lien vers le site

Auto-évaluation
J'ai compris pourquoi je dois m'engager pour le développement durable.
☐ ☐ ☐

Jeu de rôles 14

Dans l'espace public, comment vivre ensemble dans le respect ?

LE RÔLE À JOUER

Dans le cadre d'une action du Conseil de la vie collégienne (CVC), votre classe s'engage à sensibiliser les élèves du collège au respect dans l'espace public. Sous la forme d'un jeu de rôles, vous mettez en scène des situations qui empêchent d'aller et venir en toute sécurité et qui nécessitent des interventions pour rétablir le respect dans l'espace public.

1 Respecter le Code de la route

2 Appeler les secours

18	15	17
Sapeurs-pompiers	Samu	Police ou gendarmerie
....	....	....
....	....	....
....	....	....
....	....	....

Info

Selon le **Code de la route**, l'utilisateur de rollers, skateboard ou trottinette sans moteur est un **piéton**. Il circule sur le trottoir. L'utilisateur d'une trottinette électrique (à partir de 12 ans) est un **cycliste**. Il circule sur les pistes et bandes cyclables ou, s'il n'y en a pas, sur la chaussée.

3 Un enfant peut-il être secouriste ?

Vidéo et script

1 jour 1 question (scénario : N. Michel, dessins : J. Azam), © Milan presse et France Télévisions, 2018.

Nathan live!

Compétences
- Respecter les règles communes.
- Avoir le sens de l'intérêt général.

ÉTAPE 1 Je prépare le jeu de rôles

1. **Doc 1, Info.** Sur le dessin, je numérote les situations de non-respect du Code de la route, et j'entoure les situations de respect du Code de la route.
2. **Doc 1 et 2.** Sous chaque numéro d'urgence, je nomme la situation du **doc 1** qui a nécessité l'intervention du service d'urgence approprié.
3. **Doc 3.** à l'oral Nous discutons : comment pouvons-nous porter secours dans l'espace public ?

ÉTAPE 2 Je participe au jeu de rôles

4. La classe est divisée en groupes qui ont chacun pour tâche de mettre en scène une des situations proposées par le (la) professeur(e) :

SITUATION 1
Deux jeunes sont sur une trottinette sans moteur circulant sur la chaussée.

SITUATION 2
Une personne est renversée sur un passage piétons par une camionnette qui est passée au feu rouge.

SITUATION 3
Un incendie s'est déclaré à la terrasse d'un café.

SITUATION 4
Une bagarre commence entre deux automobilistes, dont l'un a embouti le véhicule de l'autre.

SITUATION 5
Un cycliste emprunte un sens interdit et roule sur la chaussée alors qu'il y a une piste cyclable à proximité. Il se retrouve nez-à-nez avec une voiture de police.

SITUATION 6
Une personne âgée vient de faire une chute sur un trottoir et ne parvient pas à se relever.

Méthode
- Nous nous répartissons les rôles de la situation (victime, témoins et aides aux victimes, appel et intervention des secours : policier, pompier, personnel médical…).
- Nous improvisons de brefs dialogues.
- Nous les répétons avec les gestes qui conviennent.
- Nous jouons la situation avec conviction.

5. Après 15 minutes de préparation, nous jouons les situations devant notre classe.

ÉTAPE 3 Ce que je retiens du jeu de rôles

6. Pour vivre ensemble dans l'espace public, que signifie « partager la route » ?

....

....

....

....

7. Pour vivre ensemble dans l'espace public, que signifie « porter secours » ?

....

....

....

....

....

Auto-évaluation

J'ai compris pourquoi je dois me comporter de manière responsable quand je circule dans l'espace public.

☐ ☐ ☐

Je retiens L'enfant, engagé au quotidien

A Responsables sur Internet

• Nous utilisons de plus en plus Internet pour apprendre, communiquer, nous distraire. Mais nous devons y agir en **citoyens** numériques, par respect pour notre dignité et celle des autres : protéger notre vie privée par un pseudonyme, ne jamais communiquer d'informations personnelles, détecter les fausses informations, identifier les mauvaises rencontres. La **loi** nous protège contre toutes les formes de violences sur Internet et les punit.

B Responsables pour le développement durable

• Réceptifs à la qualité de notre **environnement**, nous devons agir en **éco-citoyens**. Réduire notre consommation, trier et recycler nos déchets sont des gestes solidaires contre la pollution et le gaspillage des ressources. S'engager pour le **développement durable**, c'est appliquer la **Charte de l'environnement**, pour le bien-être de tous, aujourd'hui et demain.

C Responsables dans l'espace public

• Nous circulons dans l'espace public, en tant que piétons, cyclistes, passagers d'un véhicule. Pour y vivre ensemble, nous devons respecter le **Code de la route** et savoir comment porter secours. Afin de protéger notre sécurité et celle des autres, nous apprenons au collège les règles de la sécurité routière et les gestes qui sauvent. Les appliquer, c'est faire preuve de **solidarité**.

Les mots importants

• **Citoyen** : personne qui a le droit de participer à la vie politique de son pays. Elle y agit de manière responsable.

• **Développement durable** : « développement qui répond aux besoins des générations du présent sans compromettre la capacité des générations futures à répondre aux leurs » (rapport Brundtland, ONU, 1987).

Les Valeurs de la République

▶ Engagement

Acte par lequel une personne décide d'agir pour bien vivre ensemble, dans un esprit d'entraide qui s'appelle fraternité, solidarité.

Je révise chez moi

Je connais l'essentiel

- ○ ✔ **Comment me comporter en citoyen numérique ?** Je souligne en bleu quatre attitudes citoyennes sur Internet.
- ○
- ○ ✔ **Quel doit être le comportement d'un éco-citoyen ?** J'entoure quatre attitudes à adopter au quotidien.
- ○
- ○ ✔ **Que veut dire « vivre ensemble dans l'espace public » ?** Je souligne en rouge deux manières d'agir dans l'espace public.

Je sais définir et utiliser dans une phrase

- ○ ✔ Citoyen numérique
- ✔ Éco-citoyen
- ○ ✔ Développement durable

Entraîne-toi à l'aide des exercices numériques !

EXO Exercices interactifs

Exercices

1 Je protège mes données personnelles sur Internet

Je réponds à ce quiz afin d'approfondir mes connaissances sur ce que signifie « protéger ses données personnelles » sur Internet.

Niveau	Mon score
Facile ★	/ 10
Moyen ★★	/ 10
Expert ★★★	/ 10

2 Je circule à vélo conformément aux règles du Code de la route

❶ J'écris autour du dessin les mots ci-dessous qui correspondent à l'équipement obligatoire et à l'interdiction pour circuler en toute sécurité :

freins — lumières — casque — téléphoner — écouteurs — gilet fluorescent — avertisseur sonore

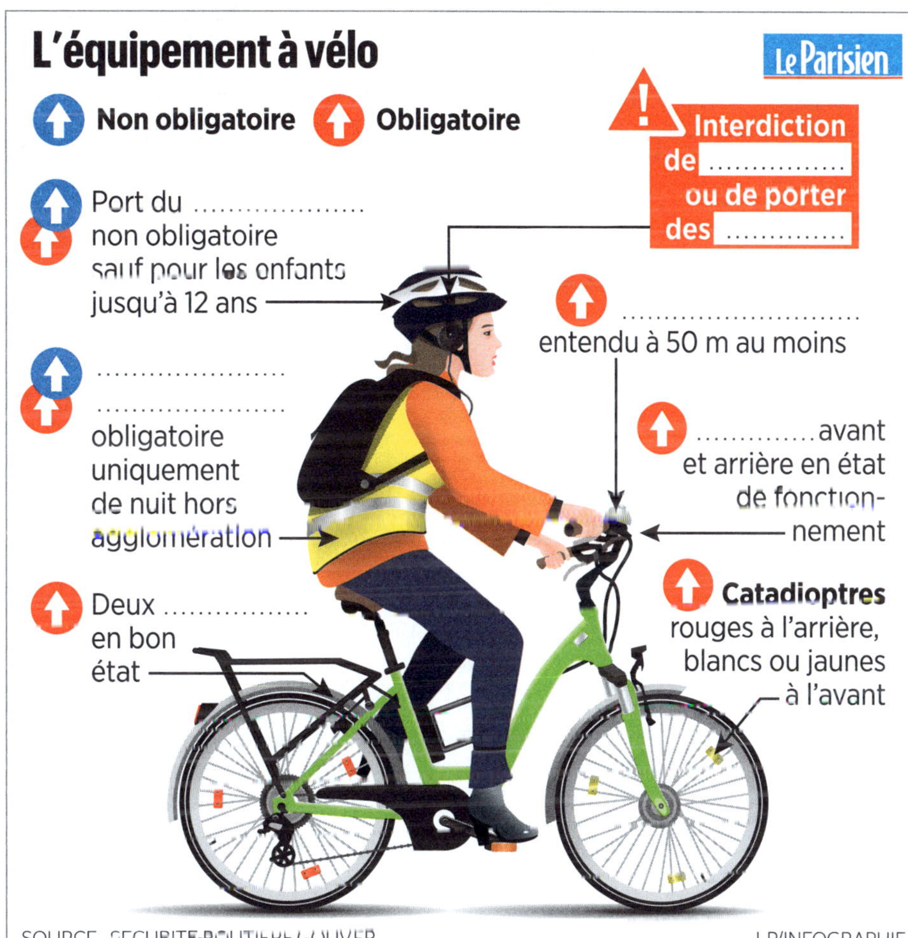

❷ D'après mes connaissances, j'indique comment je circule à vélo en agglomération :

- J'ai le droit de circuler sur la .... et sur une ....
- Je n'ai pas le droit de circuler sur le ....
- À un feu tricolore, je m'arrête au feu ....
- Si je traverse un passage piétons, je ....
- À une intersection, je dois laisser la priorité à ....

ON EN DISCUTE

15 Être citoyen, qu'est-ce que ça veut dire ?

Pour commencer

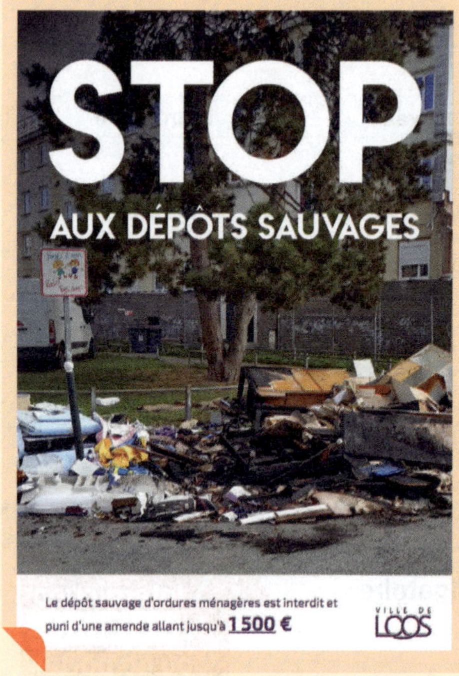

a Affiche de sensibilisation contre les dépôts d'encombrants de la ville de Loos (Nord), décembre 2018.

b « Une » du *Petit Journal*, 17 mai 1908. Lors d'une élection municipale, une femme renverse une urne dans un bureau de vote pour protester contre le fait que les femmes n'ont pas le droit de voter (elles ne l'auront pas avant 1944).

1 NOS PREMIÈRES RÉACTIONS

Nos émotions face à ces deux documents.

Mes émotions

Les émotions des autres

Coup de pouce

- Aidez-vous de la roue des émotions p. 4.

Nous dialoguons pour dire pourquoi nous ressentons ces émotions.

→ Je rédige quelques phrases qui expliquent les émotions que nous avons ressenties.

Nous discutons à deux, en groupes ou en classe entière.

→ Nous réfléchissons autour du mot « **citoyen** ». Qu'est-ce qu'il veut dire pour nous ?

Coup de pouce

- Que savez-vous déjà au sujet de ce mot ?
- Que dit le dictionnaire au sujet de ce mot ?

Compétences
- Identifier et exprimer ses émotions.
- Confronter ses jugements à ceux d'autrui.

2 NOS ARGUMENTS

« Être citoyen, qu'est-ce que ça veut dire ? »

1. à l'oral **Être citoyen, est-ce agir comme sur les images ?**

→ Ceux qui ont déposé ces déchets dans leur commune a ont-ils exercé leur devoir de citoyen ? Pourquoi ? ❑ oui ❑ non

→ L'attitude des Françaises de l'affiche b est-elle une attitude de citoyenne ? Pourquoi ? ❑ oui ❑ non

→ Avec ce genre de comportements, les citoyens et les Françaises participent-ils à la vie de leur commune a, de leur pays b ? Pourquoi ? ❑ oui ❑ non

2. Selon moi, comment doit agir un citoyen ?

....

....

Coup de pouce
- Je réponds à l'oral de **manière argumentée** aux questions posées.
- J'utilise les mots **incivilité, loi, droit, devoir, conscience civique.**

Bilan de la discussion

Je réalise une carte mentale sur ce qu'est un citoyen

Être citoyen

Méthode
- **Construire la carte en présentant 3 thèmes :**
  - Les conditions pour être citoyen
  - Les droits des citoyens
  - Les obligations des citoyens
- **Relier chaque thème au sujet de la carte : être citoyen.**

Interview de Michaël Delafosse, maire de Montpellier

→ Que m'apprend cette interview ?

Auto-évaluation

J'ai su argumenter de manière responsable.

❑ ❑ ❑

Repères 16

La commune, un territoire de l'État

1 Le fonctionnement de la commune de ....Neuilly.................. A

Vidéo : La commune et le conseil municipal

Je colle ici la photo de la mairie de ma commune. E

Le maire B
..M. Didier.....Relot.........
et ses adjoints

Le maire exécute les décisions du
....conseil........
.municipale.....

dirigent

Les ....

Centre communal d'action sociale (CCAS) C
Adresse : ....
....
....
....

Bibliothèque municipale (service culturel) C
Adresse : ....
....
....
....

État civil (service de l'état civil : naissances, mariages, décès) C
Adresse : ....
....
....
....

École maternelle (service éducatif) C
Adresse : ....
....
....
....

.... et délèguent une partie de leurs pouvoirs

D .... **conseillers municipaux** qui forment le
....

.... et élisent pour 6 ans au ....

Les **citoyens de la commune**

2 Ce que dit la loi

Art. 72 - Les collectivités territoriales de la République sont les communes, les départements, les régions […]. Les collectivités territoriales ont vocation à prendre les décisions pour l'ensemble des compétences qui peuvent le mieux être mises en œuvre à leur échelon. Dans les conditions prévues par la loi, ces collectivités s'administrent librement par des conseils élus […].

Constitution de la Ve République, 1958.

Vocabulaire

- **Citoyen** : personne qui a le droit de participer à la vie politique de son pays.
- **Commune** : l'une des collectivités territoriales de la France. Elle dispose d'un budget, de compétences et d'un pouvoir de décisions.
- **Intercommunalité** : regroupement de communes pour assurer certains services (ramassage des ordures ménagères, etc.) ou mener des projets de développement.

Compétences
- Se sentir membre d'une collectivité.
- Développer une conscience civique.

3 L'intercommunalité

Vidéo L'intercommunalité

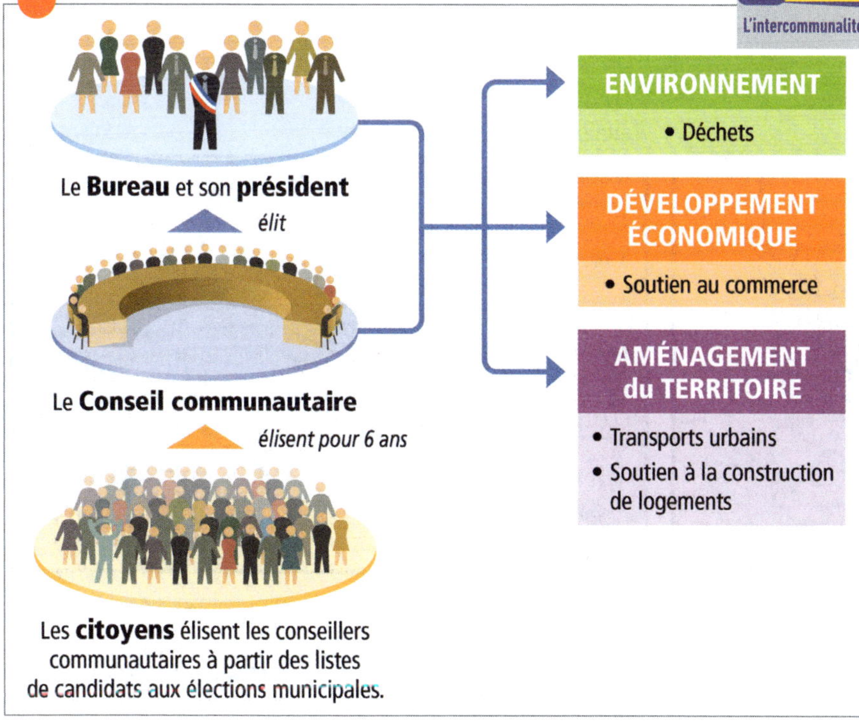

Le savez-vous ?

- En 2020, le territoire compte **35 416 communes** regroupées en **1 254 intercommunalités**.
- Le nombre de conseillers municipaux dépend du nombre d'habitants : de 7 au minimum à 163 au maximum.

QUESTIONS

1 Doc 1.

- Je complète le schéma du fonctionnement de la commune avec les mots qui conviennent :

suffrage universel | services municipaux | votent | conseil municipal | élisent

- Je présente ma commune en complétant les informations du schéma (A à F) :
– le nom de ma commune dans le titre du document A
– le nom du maire B
– l'adresse des lieux présentés C
– le nombre de conseillers municipaux D
– je colle une photo de la mairie de ma commune E

2 Doc 3. J'explique l'intérêt qu'ont les communes à se regrouper en intercommunalité.

....

....

....

Coup de pouce

- Je m'aide des informations du schéma.
- Je regarde la vidéo pour compléter ces informations.

3 Doc 1 à 3. À partir des informations des documents, je montre que les élus à la tête de la commune et de l'intercommunalité répondent aux besoins des habitants.

....

....

....

Auto-évaluation

J'ai compris le rôle d'une commune et d'une intercommunalité.

☐ ☐ ☐

Débattre 17 Dans la commune, qui décide dans l'intérêt des citoyens ?

1 Délibérer dans la commune

Réunion du conseil de quartier « Centre » **Réunion du conseil municipal**

Vocabulaire

- **Conseil de quartier** : dans les villes, groupement d'habitants volontaires, consultés par le maire et ses services sur les décisions à prendre pour le quartier et la ville. C'est la démocratie participative.
- **Délibération** : décision votée par les élus d'une collectivité territoriale (commune, département, région).
- **Démocratie** : régime politique dans lequel les citoyens désignent leurs gouvernants lors d'élections libres, et leur délèguent leur pouvoir.

Compétences
- Exprimer son opinion et respecter l'opinion des autres.
- Développer une conscience civique.

ÉTAPE 1 J'analyse le thème du débat

1 à l'oral Nous présentons ce que nous savons déjà sur le rôle du conseil municipal dans la commune.

2 **Doc 1.** J'entoure ce qui me permet d'identifier tous les acteurs qui participent à la prise de décision.

3 J'explique comment les étapes de cette prise de décision du conseil municipal illustrent ce qui définit la démocratie.

....

ÉTAPE 2 Je participe au débat dans la classe

4 **Dans la commune, qui décide dans l'intérêt des citoyens ?**

a. **Avant le débat :** dans le tableau, en prenant appui sur les documents et mon expérience, je note mes arguments.

b. **Pendant le débat :** je note les arguments des autres élèves.

c. **Après le débat :** j'entoure dans le tableau les arguments avec lesquels je suis d'accord.

Coup de pouce
- Je pense à utiliser les informations de l'activité p. 44-45.

	Les conseillers municipaux décident seuls dans l'intérêt des citoyens.	Les conseillers municipaux ne décident pas seuls dans l'intérêt des citoyens.
Mes arguments	....	....
Les arguments des autres élèves	....	....

ÉTAPE 3 Je m'engage en exprimant mon point de vue

5 À la suite du débat en classe, je rédige quelques phrases : comment les délibérations d'un conseil municipal respectent-t-elles l'avis des citoyens et les règles de la démocratie ?

....
....
....
....
....

6 à l'oral Ai-je changé d'avis après le débat ? Je justifie ma réponse.

Auto-évaluation
J'ai compris le fonctionnement du conseil municipal.
☐ ☐ ☐

Je retiens Être citoyen d'une commune

A La commune, une collectivité territoriale

• Tous les six ans, les **citoyens** de la **commune** élisent au suffrage universel leurs conseillers municipaux, qui élisent à leur tour le maire et ses adjoints. C'est la **démocratie**. Le conseil municipal vote un budget et décide des affaires de la commune.

• Dans la commune, le **maire** fait respecter les **lois de la République**, les **symboles de la République** en façade de mairie, la devise « Liberté, Égalité, Fraternité », le drapeau bleu, blanc, rouge et le drapeau européen. Il met en œuvre les décisions du **conseil municipal** et dirige les services municipaux : état civil, écoles, équipements sportifs et culturels, entretien de la voirie, aides aux personnes en difficulté…

B Le regroupement de communes, l'intercommunalité

• Certaines communes se regroupent en **intercommunalité** afin de réunir leurs moyens et de financer ensemble des aménagements qu'elles n'auraient pu réaliser seules : transports urbains, traitement des déchets, piscine intercommunale, zone d'activités économiques…

• Le **conseil communautaire** est composé de conseillers municipaux élus par les citoyens des communes de l'intercommunalité. Il élit, parmi ses membres, un président qui applique ses décisions et dirige les services de l'intercommunalité.

Les mots importants

• **Citoyen** : personne qui a le droit de participer à la vie politique de son pays.

• **Commune** : l'une des collectivités territoriales de la France. Elle dispose d'un budget, de compétences et d'un pouvoir de décision.

• **Intercommunalité** : regroupement de communes pour assurer certains services (ramassage des ordures ménagères, etc.) ou mener des projets de développement.

Les Valeurs de la République

▶ Démocratie

Régime politique dans lequel le peuple (les citoyens) est souverain. La démocratie est représentative (le peuple délègue son pouvoir aux représentants qu'il a élus). Elle est participative (les citoyens s'impliquent dans le débat public et dans la prise de décision des élus).

Je révise chez moi

Je connais l'essentiel

- ✔ **Par quels élus la commune et l'intercommunalité sont-elles dirigées ?** J'encadre le nom de ces élus.
- ✔ **Quels sont les services assurés aux habitants par la commune ou l'intercommunalité ?** J'en souligne six.

Je sais définir et utiliser dans une phrase

- ✔ **Commune**
- ✔ **Conseil communautaire**
- ✔ **Intercommunalité**

EXO Exercices interactifs

Exercices

1 Qui dirige la commune et l'intercommunalité ?

Je relie chacune de ces fonctions à sa définition.

Maire

Je suis élu(e) par les conseillers municipaux pour diriger la commune.

Je suis élu(e) par les conseillers municipaux pour aider le maire à diriger la commune.

Conseillère municipale

Conseiller communautaire

J'ai été élu(e) pour six ans par les citoyens pour les représenter au conseil municipal.

Je suis un(e) conseiller/ère municipal(e) élu(e) pour représenter les citoyens à l'intercommunalité.

Adjoint

2 J'analyse le projet d'aménagement d'une intercommunalité

OBJECTIFS DE DÉVELOPPEMENT DURABLE

....

....

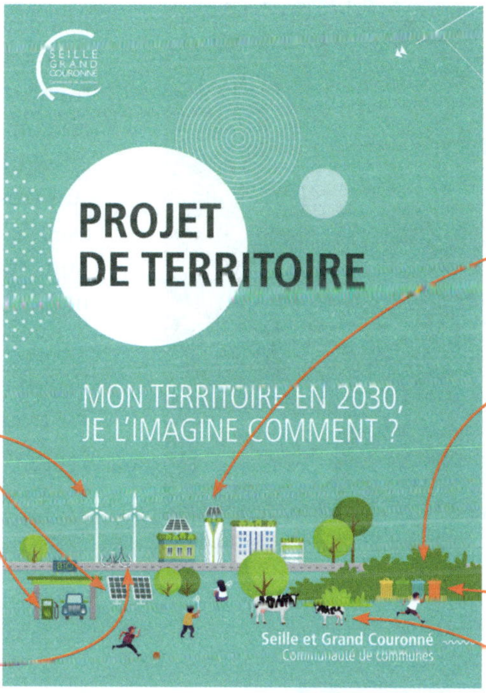

42 communes se sont réunies en 2017 pour former l'intercommunalité Seille et Grand Couronne (Meurthe-et-Moselle).

....

....
....

....
....

....

1 Autour de l'image, je nomme les domaines qui relèvent du projet d'aménagement de cette intercommunalité. Je les relie par une flèche aux éléments dessinés correspondants.

2 Selon vous, qui pose la question « Mon territoire en 2030, je l'imagine comment ? » et à qui ?

....

....

J'enquête 18 Quel est le rôle d'un conseil municipal des jeunes ?

Que dois-je faire ? **Depuis les années 1980, de nombreuses communes ont des représentants appelés conseillers municipaux des jeunes. L'objectif est de mieux prendre en compte l'avis des enfants de la commune. À partir des documents, j'explique quel est leur rôle.**

1 Devenir conseiller municipal des jeunes

Affiche de la commune de Ballainvilliers (Essonne), 2020.

Info

Le **conseil municipal des jeunes** est créé par décision du conseil municipal. Il est composé de jeunes scolarisés dans la commune (généralement entre 9 et 16 ans), le plus souvent élus pour deux ans par leurs camarades. Ils élaborent, en commissions, des projets pour la commune qu'ils défendent en séance plénière devant le maire et les conseillers municipaux.

2 Des conseillers municipaux des jeunes témoignent

Les deux mandats que j'ai eu la chance de réaliser m'ont beaucoup apporté : notamment une meilleure expression orale, une rencontre avec le monde politique, le travail en équipe pour mener à bien un projet. Je suis très content d'avoir pu passer quatre ans avec ces personnes qui nous entourent et qui nous soutiennent lors de chaque réunion ou manifestation.

Thomas G.

Être membre du CMJ a été très intéressant. J'ai trouvé formidable de pouvoir organiser et préparer des manifestations pour notre ville et de répondre aux demandes de la jeunesse.

Sonia H.

Conseil municipal des jeunes de Colomiers (Haute-Garonne), *Élections juniors*, 2019.

3 Que fait un conseiller municipal des jeunes ?

Interview de Renaud Calvat, maire de Jacou

Entretien réalisé par les Éditions Nathan, 2021.

QUESTIONS

1. **Doc 1.** J'entoure les verbes qui montrent l'intérêt de se présenter au conseil municipal des jeunes.
2. **Doc 2.** Je souligne en bleu ce qu'apporte pour soi-même d'être conseiller municipal des jeunes, et en vert, ce que cela apporte aux autres.
3. **Doc 3.** à l'oral Je décris le travail des conseillers municipaux des jeunes.

Compétences
- Être responsable de ses engagements.
- Confronter ses jugements à ceux d'autrui.

4 Réaliser des projets dans l'intérêt de tous

Conseil des ados de Créteil (94)

Carton rouge à la discrimination
Mise en place d'ateliers interactifs dans les collèges de la ville pour faire connaître les 25 critères de discrimination interdits par la loi.

Groupe de jeunes de Saint-Victor-de-Morestel (38)

Roulons ensemble !
Défi sportif et solidaire entre personnes valides et en situation de handicap. 112 km en 3 jours autour des Balcons du Dauphiné.

Conseil des jeunes de Sotteville-lès-Rouen (76)

Sensibilisation à la sécurité aux abords des stations de Métrobus
Une campagne d'affichage pour sensibiliser la population à la prudence et à la civilité.

Projets récompensés en 2020 au concours organisé par l'ANACEJ (Association nationale des conseils d'enfants et de jeunes).

Vocabulaire

- **Civilité** : politesse, respect des autres, nécessaires pour vivre en société.
- **Discrimination** : fait de refuser des droits à une personne ou un groupe de personnes, en raison de son origine, de son appartenance religieuse, de son handicap… Cette attitude est punie par la loi.

QUESTIONS

4 Doc 2 et 4. Je souligne les actions des conseils municipaux des jeunes.

5 Doc 4. J'exprime mon opinion : pourquoi ces conseillers municipaux des jeunes se sont-ils engagés ?

Pour le bien commun.

Ce que j'ai appris

à l'oral **Je présente en 5 minutes des arguments qui montrent que les conseillers municipaux des jeunes agissent pour que les habitants vivent bien ensemble dans la commune, au nom de l'égalité, de la fraternité, de la solidarité.**

- Je liste mes arguments avant de les présenter : …………

Auto-évaluation

J'ai compris à quoi sert un conseil municipal des jeunes.

☐ ☐ ☐

Jeu de rôles 19 Comment agir pour un développement durable ?

OBJECTIFS DE DÉVELOPPEMENT DURABLE

→ voir p. 65

LE RÔLE À JOUER

Votre commune organise une réunion publique pour promouvoir des actions qui répondent aux Objectifs de développement durable. Au cours de cette réunion, vous allez débattre sur des engagements citoyens pour atteindre ces objectifs.

1 Réduire ses déchets

Durant 7 mois, des habitants relèvent, au choix, un défi « positif » : consommer des aliments locaux, de saison et bio sans dépenser plus, réduire sa consommation d'énergie ou réduire de 20 % le poids de ses déchets.

J'ai décidé de participer au défi « zéro déchet » de Nantes Métropole car nous avions commencé ma fille et moi à réduire nos déchets depuis le début de l'année 2019. […]

Tout d'abord nous avons éliminé les bouteilles d'eau en plastique pour des gourdes en inox, nous avons fait des compotes maison dans des gourdes rechargeables…

[…] Nous avons pu réduire de près de 25 % la poubelle bleue[1], 9 % pour la poubelle jaune[2] et 70 % sur le verre. C'est motivant et j'encourage tous ceux qui s'interrogent sur le zéro déchet à essayer.

Action « Défis Citoyens de la Transition » proposée par Nantes-Métropole à ses habitants, 30 septembre 2020.

1. Déchets non recyclables. 2. Déchets recyclables.

2 Favoriser l'accès des femmes au sport

Il y a deux ans, elles étaient une petite quinzaine de débutantes à découvrir le Futsal[1] au club des Géants de la Villeneuve. […] Cette saison, elles sont 22 filles, âgées de 14 à 23 ans […].

« […] Grâce à l'important soutien des collectivités, notamment de l'adjoint aux sports […], tout est fait pour que l'accès à la pratique et le développement de la section se fassent dans les meilleures conditions » se souvient Zak Mahroug, éducateur au sein du club de la Villeneuve. « C'était important pour nous que tous les habitants – pas que les garçons – puissent s'exprimer dans notre club. La plupart des filles qui nous ont rejoints n'avaient jamais pratiqué de sport en dehors du milieu scolaire auparavant. »

D'après *Gre.mag* (webzine de la ville de Grenoble), « Le Futsal féminin fait sa place », 4 janvier 2017.

1. Sport apparenté au football qui oppose deux équipes de cinq joueurs sur un terrain de handball.

3 Consommer différemment

Vidéo
Qu'est-ce qu'une AMAP ?

Affiche de l'AMAP présente dans la commune d'Amboise (Indre-et-Loire).

Vocabulaire

- **Développement durable** : « développement qui répond aux besoins des générations du présent sans compromettre la capacité des générations futures à répondre aux leurs » (rapport Brundtland, ONU, 1987).
- **Objectifs de développement durable (ODD)** : 17 objectifs fixés en 2015 par les États-membres de l'ONU à atteindre dans le monde d'ici 2030 : mettre fin à la pauvreté et aux inégalités, lutter contre la dégradation de l'environnement, agir pour la prospérité et la paix…

Compétences
- Confronter ses jugements à ceux d'autrui.
- Développer une conscience civique.

ÉTAPE 1 Je prépare le jeu de rôles

1 À partir des informations contenues dans les documents, je complète le tableau suivant.

	Quelle est l'action ?	À quel(s) ODD renvoie cette action ? → voir p. 65	Quel est l'intérêt de cette action ?
Doc 1	....	....	....
Doc 2	....	....	....
Doc 3	....	....	....

ÉTAPE 2 Je participe au jeu de rôles

2 Votre professeur vous distribue les rôles :

Le maire	L'adjoint au maire, en charge du développement durable	Six habitants	Six habitants
arbitre les débats, distribue la parole	*anime le débat*	**« Des actions sont possibles ! »** *argumentent*	**« Le développement durable est difficile à mettre en œuvre… »** *argumentent*

3 Vous simulez une séance publique organisée par le maire. Pour commencer, un des habitants présente son projet pour le développement durable, puis un dialogue s'instaure avec les autres membres de la réunion, qui posent des questions sur l'action proposée ou en montrent les limites. Ce scénario se reproduit autant de fois qu'il y a de projets à présenter.

ÉTAPE 3 Ce que je retiens du jeu de rôles

4 Comment chacun peut-il agir pour un développement durable ?

....

....

....

5 Quelle action pourrais-je mener dans la commune pour le développement durable ?

....

....

....

....

Auto-évaluation

J'ai compris ce que veut dire agir pour un développement durable.

☐ ☐ ☐

J'enquête 20 Comment être solidaire dans la commune ?

Que dois-je faire ? **De nombreuses formes d'engagement existent quand on veut venir en aide à ceux qui en ont besoin. Chacun peut s'engager, et les jeunes sont de plus en plus nombreux à agir. À partir des documents, je montre quelles actions de solidarité sont possibles dans la commune.**

Vocabulaire

- **Bénévole** : personne qui exerce volontairement une activité sans être rémunérée.
- **Solidarité** : action d'entraide ayant pour objectif le respect de l'autre et la réduction des inégalités entre les êtres humains.

1 Solidaire avec les personnes âgées

J'ai découvert le Service civique grâce à la Mission locale[1] car j'étais à la recherche d'un emploi. On m'a alors proposé la mission « Port'âge » qui alliait mon goût de la lecture et mon besoin de venir en aide aux autres. Au cours de ma mission, j'ai découvert que les bénéficiaires, malgré leurs difficultés, gardaient intact leur besoin d'échange et de lecture. En fonction de leurs besoins, je téléphone aux usagers pour prendre rendez-vous. Je prépare les commandes pour l'après-midi, et je fais mes visites aux bénéficiaires. Nous prenons le temps d'échanger sur la lecture et sur nos expériences respectives. Grâce à eux, j'ai gagné en maturité. Je recommande cette expérience du « Port'âge » à d'autres jeunes qui seraient motivés : il faut aimer la lecture mais aussi le contact (si enrichissant) avec ces personnes fragilisées. Cette mission m'a permis d'affirmer mon choix de travailler en bibliothèque.

Jean-Felix, volontaire à la ville de Paris, service-civique.gouv.fr

1. Espace qui informe les jeunes dans différents domaines (emplois, formation, logement…).

2 Le service civique, un engagement

Affiche de la commune de Carpentras (Vaucluse), 2020.

QUESTIONS

1 **Doc 1 et 2.** • J'entoure les personnes qui peuvent s'engager dans un service civique.
• Je souligne les actions qu'elles peuvent accomplir.

2 **Doc 1 et 2.** J'explique pourquoi ces engagements sont des actes de solidarité.

....

....

....

....

....

....

....

....

Compétences
- Comprendre les principes et les valeurs de la République.
- Comprendre le sens de l'engagement.

3 Une bénévole au service de sans-abris

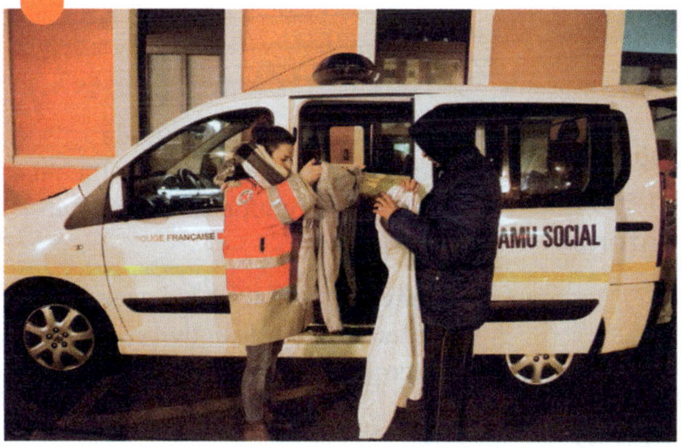

Maraude de la Croix-Rouge et du SAMU social dans les rues d'Albi (Tarn), décembre 2019.

4 Aider des élèves

Un engagement qui sonne comme une vocation pour Océane, 19 ans, en 3e année de licence et bénévole à l'Afev, une association qui fait intervenir des étudiants dans les quartiers populaires : « J'aime les enfants et j'avais envie de me sentir utile », confie-t-elle. À l'Afev, l'accompagnement n'est pas uniquement scolaire : « on aide aussi les enfants à prendre confiance en eux et à développer leurs capacités relationnelles, en faisant avec eux des sorties sportives et culturelles », précise Océane. [...] Mais les enfants qui ont bénéficié de ce soutien scolaire de leurs aînés n'ont pas été les seuls gagnants dans l'histoire : « Tous les enfants que j'ai aidés, me l'ont rendu. J'ai appris à communiquer avec des enfants avec lesquels ce n'était pas évident au départ et ils m'ont fait découvrir leur univers, leurs coutumes, leur histoire ».

« Étudiants, ils font du soutien scolaire auprès d'élèves en difficulté et ça marche ! », *20 Minutes*, 20 septembre 2017.

QUESTIONS

3 Doc 3 et 4. • J'identifie les personnes qui s'engagent dans ces actions de solidarité.

....

....

....

• Je souligne auprès de qui elles interviennent.

4 Doc 3 et 4. J'explique pourquoi ces interventions sont des actes de solidarité.

....

....

....

Info

La **Croix-Rouge** est une association humanitaire qui porte secours aux **personnes démunies** : aide alimentaire, vestimentaire, insertion professionnelle, soutien auprès des personnes âgées, protection de l'enfance... Elle accompagne les équipes du **SAMU social** qui vient en aide aux personnes sans-abri. Elle compte 66 000 bénévoles en France.

Ce que j'ai appris

Sous forme d'une carte mentale, j'explique comment être solidaire dans la commune.

Méthode
- Je place au centre le sujet de la carte mentale.
- Je construis ma carte en distinguant trois thèmes :
  - Qui est solidaire ?
  - Comment ?
  - Pourquoi ?

Auto-évaluation

J'ai compris ce qu'est un engagement solidaire.

☐ ☐ ☐

Je retiens S'engager dans la commune

A S'engager dans la vie de sa commune

• Les enfants peuvent agir au sein du **conseil municipal des jeunes**. Le plus souvent, ces jeunes sont élus. Réunis plusieurs fois dans l'année par le maire ou ses adjoints, ils présentent leurs projets pour la commune au conseil municipal.

• S'engager est l'affaire de chacun. Les habitants peuvent se réunir en **conseils de quartier** et formuler des propositions au maire pour une meilleure qualité de vie dans leur quartier. Ils peuvent aussi agir comme **bénévoles** dans des **associations**. Les 16-25 ans peuvent être volontaires au **service civique** dans leur commune.

B S'engager pour un développement durable

• Au quotidien, les citoyens doivent respecter les **Objectifs de développement durable (ODD)** de l'ONU, dans le cadre de l'Agenda 2030 des communes. Ils agissent pour la qualité de l'environnement (réduire leurs déchets, leur consommation d'eau, d'énergie...), pour une société plus juste (être à l'écoute des autres, apporter son aide aux personnes vulnérables) et pour un développement économique local (consommer les produits locaux).

• En participant à la vie de la commune, les citoyens agissent pour le **bien commun** et partagent des valeurs de respect et de solidarité.

Les mots importants

• **Association** : groupement de personnes qui s'unissent pour mener une action commune sans chercher à faire de profit.

• **Bénévole** : personne qui exerce volontairement une activité sans être rémunérée.

• **Objectifs de développement durable (ODD)** : 17 objectifs fixés en 2015 par les États-membres de l'ONU à atteindre dans le monde d'ici 2030 : mettre fin à la pauvreté et aux inégalités, lutter contre la dégradation de l'environnement, agir pour la prospérité et la paix...

• **Service civique** : engagement volontaire de jeunes de 16 à 25 ans dans une mission d'intérêt général, rémunérée, pour une durée de 6 à 12 mois.

Les Valeurs de la République

▶ Solidarité
Action d'entraide ayant pour objectif le respect de l'autre et la réduction des inégalités entre les êtres humains.

Je révise chez moi

Je connais l'essentiel

- ✔ **Quelles formes d'engagement existe-il dans la commune ?** Je les encadre.
- ✔ **Quelles sont les actions qui peuvent être menées dans la commune ?** Je les souligne en vert.
- ✔ **Pourquoi les citoyens désirent-ils s'engager ?** Je souligne les trois raisons en bleu.

Je sais définir et utiliser dans une phrase

- ✔ Bénévoles
- ✔ Conseil municipal des jeunes
- ✔ Service civique

Entraîne-toi à l'aide des exercices numériques !

EXO Exercices interactifs

Exercices

1 Je sais comment et pourquoi s'engager dans la commune

Je complète la grille de mots croisés avec les mots de la leçon.

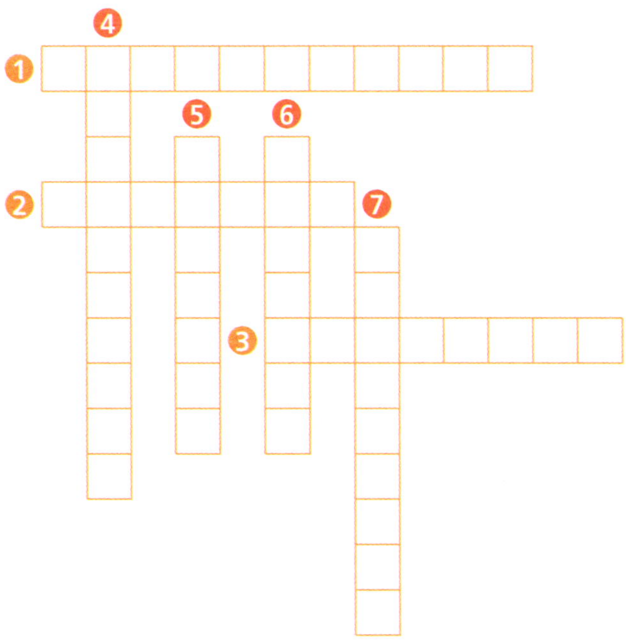

Horizontalement

1. Ensemble de personnes qui s'unissent pour mener une action sans chercher à faire de profit.
2. Nom du service que peuvent effectuer tous les jeunes entre 16 et 25 ans.
3. Personne qui exerce volontairement une activité non rémunérée.

Verticalement

4. Action d'entraide ayant pour objectifs le respect de l'autre et la réduction des inégalités.
5. Mot qui désigne le comportement d'une personne qui s'engage pour les autres.
6. Développement qui répond aux besoins des générations du présent sans compromettre la capacité des générations futures à répondre aux leurs.
7. Adjectif correspondant au conseil qui examine les propositions du conseil municipal des jeunes, des conseils de quartier.

2 Je comprends comment les communes s'engagent pour le développement durable

PLUi de l'intercommunalité Vienne et Gartempe (55 communes), 2017. Le PLUi est une décision des élus pour aménager les communes, dans le respect du développement durable.

....
ODD n°......................

....
ODD n°......................

....
ODD n°......................

....
ODD n°......................

....
ODD n°......................

Pour chacun des 5 projets du PLUi de la commune de Vienne et Gartempe :

1. J'indique à quel(s) aspect(s) du développement durable il correspond :

Environnement   Société   Économie

2. Je recherche, parmi les 17 Objectifs de développement durable de l'ONU (p. 65), lequel ou lesquels correspondent à chacun de ces projets, et j'écris leur numéro.

21 S'informer et vérifier ses sources pour réaliser un flash radio

C'EST À VOUS !

Vous participez à la Semaine de la presse et des médias avec votre classe. Vous choisissez des journaux et des magazines au CDI et en prenez connaissance en vous interrogeant sur les sources de leurs informations. Réalisez ensuite une revue de presse sous la forme d'un flash radio !

A Que nous apprend la composition d'un journal ?

1 La « Une » de *Mon Quotidien* du 20 août 2020

Manchette : identification du journal.

Bandeau : ici, un dessin de presse.

UNIQUEMENT PAR ABONNEMENT

Jeudi 20 août 2020

n° 7210

0,70 euro

LA VIE DE LA RÉDACTION : QUOTILLON ET LE CHEF...

HÉ ! QUOTILLON... LES VACANCES SONT FINIES !

JE SAIS... POURQUOI TU ME DIS ÇA ?...

{ IL Y A 45 ANS }

La sonde *Viking 1* était envoyée dans l'espace par la Nasa (l'Agence spatiale américaine). En juillet 1976, elle est devenue le 2ᵉ engin spatial créé par l'être humain à se poser en douceur sur Mars (5 ans après Mars 3). Sa mission sur la planète rouge a duré 6 ans.

Lever du soleil : 6 h 52 | Coucher du soleil : 20 h 55

LA MÉTÉO DE **DEMAIN**

100 % FAITS 0 % OPINIONS

Mon Quotidien

On en apprend tous les jours !

NOUVELLE LOI POUR LA PRESSE — CRÉDIT D'IMPÔT*

Pour les 10-13 ans : 10 minutes de lecture chaque jour

Un tigre en liberté en Thaïlande (Asie)

Bonne nouvelle : le nombre de tigres augmente

CORONAVIRUS ! Quand faut-il porter un masque ? Découvre la « méthode ABCD ». p. 4

36 % (plus de 1 sur 3) des 5-19 ans, en France, ne sont pas partis en vacances au cours des 12 derniers mois (cela représente 4,5 millions d'enfants et d'ados).

Pour écrire au rédacteur en chef : f.dufour@playbac.fr

Oreille : ici, des informations rapides à lire.

Ventre : information principale.

Pied de page : autres informations mises en valeur par le journal.

Mon Quotidien pour les 10-13 ans, 10 min de lecture par jour,
playbacpress.fr

QUESTIONS

1 À partir du **doc 1** ou d'une « Une » choisie par votre professeur, complétez le tableau suivant en vous aidant du vocabulaire ci-dessus.

Date de parution	....
La « Une » : les informations principales	....

Compétences

- S'informer de manière rigoureuse.
- Savoir s'intégrer dans une démarche collaborative.

B Que nous apprend un article de presse ?

2 Une page intérieure du journal

Article à télécharger

Mon Quotidien pour les 10-13 ans, 10 min de lecture par jour, playbacpress.fr

Le savez-vous ?

Les 5 questions de référence du journaliste : Qui ? Quoi ? Où ? Quand ? Pourquoi ? sont aussi appelées « **la règle des 5W** » en anglais : *Who ? What ? Where ? When ?* et *Why ?*

QUESTIONS

2 À l'aide du vocabulaire du **doc 2**, analysez le traitement de l'information dans cet article ou dans celui sélectionné par votre professeur.

Titre et auteur	....
L'article répond-il aux questions de référence du journaliste ?	....
Quel est le point de vue du journaliste ?	....
Comment le journaliste peut-il être sûr que ce qu'il rapporte est vrai ? > Info p. 60	....

3 Sélectionnez l'article d'un autre journal évoquant une information identique. Au brouillon, indiquez les ressemblances et les différences dans le traitement de l'information de ces deux articles.

C Que nous apprennent les autres médias ?

3 La page d'un moteur de recherche

Qwant Junior
CHERCHER M'INFORMER APPRENDRE JOUER FAIRE DES ACTIVITÉS

nombre de tigres thaïlande

Thaïlande : le nombre de tigres remonte très lentement ...
https://www.goodplanet.info/2020/07/29/thailande-le-nombre-de-tigres-remonte-tres-lentement-mais-le-feli...
« Le nombre de tigres commence à remonter dans le pays », s'est réjoui John Goodrich, de l'ONG Panthera. « La Thaïlande a intensifié ses efforts de conservation au cours de la dernière décennie et on pense maintenant qu'elle abrite jusqu'à 200 tigres », a-t-il ajouté.

Thaïlande. Le nombre de tigres remonte doucement
https://www.lejsl.com/insolite/2020/07/29/le-nombre-de-tigres-remonte-doucement
La population de tigres sauvages en Thaïlande remonte lentement, mais l'espèce reste toujours très menacée, ont relevé mercredi des associations de protection à l'occasion de la journée ...

Site d'un magazine sur l'environnement

Site d'un journal régional

Vocabulaire

- ***Fake news*** (fausses nouvelles) : infox (information/intoxication) en français. Informations mensongères, ressemblant à de vraies informations, diffusées pour manipuler le public.

Info

Quelques sites pour vous aider à **vérifier les informations** :
– www.liberation.fr/checknews
– www.lemonde.fr/verification : évalue la fiabilité des sites d'information.

QUESTIONS

4 Tapez dans un moteur de recherche l'information sur laquelle vous avez travaillé. Choisissez un des sites et complétez le tableau suivant :

Fiabilité du site – Pouvez-vous identifier ses propriétaires/dirigeants ? – Le site sert-il seulement à informer ?	....
Fiabilité de l'auteur de l'article – Identifiez l'auteur : est-il un journaliste ?	....
Fiabilité de l'article – L'article cite-il ses sources ? – Les sources sont-elles sûres ?	....

NOTRE MISSION

Réaliser en groupe un flash radio

→ Le **flash radio** est un court rendez-vous d'actualité qui donne de rapides nouvelles (les brèves) aux auditeurs.

1 Choisir l'information

- Sélectionnez de brèves informations dans les médias que vous avez étudiés.

Article papier

- ....
- ....
- ....

Article en ligne

- ....
- ....
- ....

- Relevez les points communs et différences entre ces sources d'informations.

Points communs	Différences
....	....
....	....
....	....
....	....
....	....

2 Écrire les brèves

- En groupe, rédigez au brouillon les brèves qui seront lues lors du flash radio. Aidez-vous du modèle ci-dessous :

Brève n° 1
Qui ? ...
Quoi ? ...
Où ? ...
Quand ? ...
Pourquoi ? ...

Coup de pouce

Faites des phrases courtes (sujet, verbe, complément) et jamais au passé car vous présentez une nouvelle.

3 S'entraîner à lire à haute voix

- Faites comme si vous vous adressiez à l'auditeur : ne parlez ni trop vite, ni trop lentement, ni trop fort, ni trop doucement et utilisez des intonations pour capter son attention.
- Minutez-vous : votre flash doit durer entre 1 min 30 et 3 min !

Et maintenant, à vous l'antenne !

→ Pour le montage de l'émission, vous pouvez utiliser l'application pour tablette « L'atelier franceinfo junior » !

Auto-évaluation

J'ai compris comment faire pour s'informer.

☐ ☐ ☐

A

- **Association** : groupement de personnes qui s'unissent pour mener une action commune sans chercher à faire de profit. → **voir p. 56**
- **Autorité parentale** : ensemble des droits et des devoirs des parents, qui s'exercent dans l'intérêt de l'enfant. → **voir p. 30, 32**

B

- **Bénévole** : personne qui exerce volontairement une activité sans être rémunérée. → **voir p. 54, 56**
- **Bien commun** : au collège, respect entre les membres de la communauté scolaire, et respect des locaux et du matériel scolaire, pour bien vivre ensemble. → **voir p. 14**

C

- **Changement climatique** : modification des caractéristiques du climat en un endroit donné. Actuellement, c'est une augmentation des températures moyennes qui modifie les équilibres météorologiques et les écosystèmes. → **voir p. 20**
- **Charte** : ensemble des règles à respecter. → **voir p. 9**
- **Citoyen** : personne qui a le droit de participer à la vie politique de son pays. Elle y agit de manière responsable. → **voir p. 40, 44, 48**
- **Civilité** : politesse, respect des autres, nécessaires pour vivre en société. → **voir p. 51**
- **Commune** : l'une des collectivités territoriales de la France. Elle dispose d'un budget, de compétences et d'un pouvoir de décisions. → **voir p. 44, 48**
- **Conseil de quartier** : dans les villes, groupement d'habitants volontaires, consultés par le maire et ses services sur les décisions à prendre pour le quartier et la ville. C'est la démocratie participative. → **voir p. 46**

D

- **Défenseur des droits** : autorité chargée de promouvoir les droits de l'enfant. En cas de violation des droits de l'enfant, le Défenseur agit pour trouver une solution. → **voir p. 32**
- **Délibération** : décision votée par les élus d'une collectivité territoriale (commune, département, région). → **voir p. 46**
- **Développement durable** : « développement qui répond aux besoins des générations du présent sans compromettre la capacité des générations futures à répondre aux leurs » (rapport Brundtland, ONU, 1987). → **voir p. 20, 24, 40, 52**
- **Discrimination** : fait de refuser des droits à une personne ou un groupe de personnes, en raison de son origine, de son appartenance religieuse, de son handicap… Cette attitude est punie par la loi. → **voir p. 51**

E ET F

- **Écologie** : mouvement ayant pour objectif la protection de l'environnement naturel par les êtres humains. → **voir p. 36**
- **Environnement** : cadre naturel dans lequel vit l'être humain. → **voir p. 36**
- ***Fake news* (fausses nouvelles)** : infox (information/intoxication) en français. Informations mensongères, ressemblant à de vraies informations, diffusées pour manipuler le public. → **voir p. 60**

H ET I

- **Harcèlement** : violences répétées, physiques ou verbales, qui sont le fait d'une ou de plusieurs personnes sur une victime isolée, qui ne peut pas se défendre. → **voir p. 18, 24**
- **Intercommunalité** : regroupement de communes pour assurer certains services (ramassage des ordures ménagères, etc.) ou mener des projets de développement. → **voir p. 44, 48**

L

- **Laïcité** : principe selon lequel l'État ne favorise aucune religion. À l'école publique, les signes religieux doivent être discrets. → **voir p. 9**

M ET N

- **Médiateur** : personne qui sert d'intermédiaire entre deux personnes, ou deux groupes, pour régler un désaccord. Son intervention permet de résoudre les conflits par la discussion. → **voir p. 24**
- **Mineur** : personne âgée de moins de 18 ans. → **voir p. 32**
- **Neutralité** : qui ne manifeste ni ses idées, ni sa religion. → **voir p. 14**

O

- **Objectifs de développement durable (ODD)** : 17 objectifs fixés en 2015 par les États-membres de l'ONU à atteindre dans le monde d'ici 2030 : mettre fin à la pauvreté et aux inégalités, lutter contre la dégradation de l'environnement, agir pour la prospérité et la paix... → **voir p. 52, 56**
- **Organisation des Nations unies (ONU)** : organisation internationale qui défend l'égalité, la liberté, la paix, partout dans le monde. → **voir p. 32**

R

- **Règlement intérieur** : texte officiel qui fixe les règles à respecter par tous au collège. → **voir p. 9, 14**

S

- **Service civique** : engagement volontaire de jeunes de 16 à 25 ans dans une mission d'intérêt général, rémunérée, pour une durée de 6 à 12 mois. → **voir p. 56**

U

- **Unicef (Fonds des Nations unies pour l'enfance)** : agence des Nations unies qui défend les droits des enfants dans le monde entier. → **voir p. 32**

Les Valeurs de la République

▶ Démocratie
Régime politique dans lequel le peuple (les citoyens) est le souverain. Elle est représentative : le peuple délègue son pouvoir aux citoyens qu'il a élus et qui le représentent. La démocratie est participative : les citoyens s'impliquent dans la prise de décision des élus.
→ **voir p. 46, 48**

▶ Dignité
Tout être humain est unique et estimable : c'est sa dignité. Il doit la respecter pour lui-même : c'est l'estime de soi. Et chacun doit respecter la dignité des autres.
→ **voir p. 32**

▶ Fraternité
Elle se manifeste par l'entraide et l'engagement, conformément à l'article 1er de Déclaration universelle des droits de l'homme (1948) : « Tous les êtres humains naissent libres et égaux [...] ils doivent agir les uns envers les autres dans un esprit de fraternité ».
→ **voir p. 24**

▶ Engagement
Acte par lequel une personne décide d'agir pour bien vivre ensemble, dans un esprit d'entraide qui s'appelle fraternité, solidarité. → **voir p. 40**

▶ Laïcité
Principe selon lequel l'État ne favorise aucune religion et garantit à chacun la liberté de conscience (pratiquer ou non une religion, exprimer son point de vue...). La laïcité c'est la liberté et l'égalité. C'est aussi la fraternité qui signifie reconnaître et respecter les différences entre les personnes. La laïcité permet de bien vivre ensemble.
→ **voir p. 14**

▶ Solidarité
Action d'entraide qui a pour objectifs le respect des autres et la réduction des inégalités entre les êtres humains. → **p. 54, 56**

Crédits

Opération citoyenne de ramassage de déchets à recycler.

Élèves effectuant un travail de groupe en classe de 6e.

Vote des enfants au conseil municipal de Bobigny (93).

Couverture : gauche ADOBE STOCK PHOTO/Syda Productions, bas LOUAPRE Thomas/Divergence, droite ADOBE STOCK PHOTO / WavebreakmediaMicro ;

8 Milan Presse et la Ligue de l'Enseignement/Illustrations de Jacques Azam ; **10** Ministère de l'Éducation nationale, de la Jeunesse et des Sports ; **11** © Collège Marie-Mauron, Pertuis / OCIRP / Réalisation Nathaël Rusch et Emile Darnaud/Coordinatrice ULIS : Isabelle Fraisse ; **12 bas** © CCAH ; **16 ht m** ADOBE STOCK PHOTO/Patryssia ; **16 ht** ADOBE STOCK PHOTO/OceanProd ; **16 m bas** ADOBE STOCK PHOTO/themorningglory ; **16 m m** ADOBE STOCK PHOTO/Monkey Business ; **16 bas** Collège Simone-Veil, Pontoise (Val d'Oise) ; **18 ht** Ministère de l'Éducation nationale, de la Jeunesse et des Sports ; **18 bas g** Collège Jean-Macé, Porte-lès-Valence, 2020/Réalisation Julien Chizat ; **18 bas d** Collège François-Mitterrand, Arras ; **20 ht** Ministère de la Transition écologique ; **20 bas** Ministère de l'Éducation nationale, de la Jeunesse et des Sports ; **25** © Collège Marcel-Pagnol, Plouay (Morbihan)/www.eco-ecole.org ; **28 g** Coproduction Milan Presse et France Télévisions/Scénario de Clara Recordier, dessins de Jacques Azam ; **28 d** Fédération nationale des Francas ; **29 g** GIP Enfance en Danger (SNATED-119 / ONPE) ; **29 d** UNICEF ; **30 ht** © On a tous des droits ! **30 bas** © Ministère des Solidarités et de la Santé ; **34 ht g** CNIL, licence CC BY-ND-NC 3.0 FR ; **34 ht d** Ministère de l'intérieur ; **34 bas** © Vivement Lundi !/Nadasdy Film/RTS - 2017. Réalisation Emma Carré en coréalisation avec Marjolaine Perreten, écriture Nathalie Dargent ; **37** Campagne « Faut pas gâcher », 2015 - France Nature Environnement ; **38 bas** Coproduction Milan Presse et France Télévisions/Scénario Nathalie Michel, dessins de Jacques Azam ; **41** *Le Parisien* ; **42 g** Affiche de sensibilisation contre les dépôts d'encombrants, réalisée par la ville de Loos - décembre 2018 ; **42 d** AKG-Images/Erich Lessing ; **45** Association des Maires de France et des Présidents d'intercommunalité ; **49** © Communauté de Communes Seille et Grand Couronné ; **50 g** © Ville de Ballainvilliers ; **51 g** Anacej/Ville de Créteil ; **51 d** Anacej/Ville de Sotteville-lès-Rouen ; **51 m** Anacej/Mairie de Saint-Victor de Morestel ; **52** AMAP Amboise ; **54** © Mairie de Carpentras/Service jeunesse ; **55 ht** Croix-Rouge française/Photo Martine Mouchy ; **57** © Communauté de Communes Vienne & Gartempe ; **58** *Mon Quotidien, pour les 10-13 ans : 10 minutes de lecture chaque jour*, www.playbacpresse.fr ; **59** *Mon Quotidien, pour les 10-13 ans : 10 minutes de lecture chaque jour*, www.playbacpresse.fr.

Édition : Juliette Sauty
Direction éditoriale : Carole Greffrath
Responsable artistique : Pierre-Yves Skrzypczak
Conception graphique (couverture et intérieur) : Clémentine Largant
Mise en pages : Laure Gros, Anne-Danielle Naname
Iconographie : Maryse Hubert
Dessins (p. 6, 12, 22, 33, 38, 46, 49) : Sylvère Join
Schémas et graphiques : Renaud Scapin
Fabrication : Kévin Magar
Photogravure : IGS
Relecture : Sarah Billecocq

FSC
www.fsc.org
MIXTE
Papier issu de sources responsables
FSC® C022030

Nathan est un éditeur qui s'engage pour la préservation de son environnement et qui utilise du papier composé de fibres naturelles, renouvelables, fabriquées à partir de bois provenant de forêts gérées de manière responsable et contrôlée.

Dépôt légal : Avril 2021 - N° de projet : 102770301
Achevé d'imprimé en Juillet 2021 par Rotolito S.p.A., Italie